JN042759

決断

そごう・西武 61年目のストライキ

寺岡泰博
Yasuhiro Teraoka

講談社

決断――そごう・西武61年目のストライキ

経営側

セブン&アイ・ホールディングス

社長:井阪隆一、**副社長**:後藤克弘、
取締役執行役員:伊藤順朗ほか
社外取締役:伊藤邦雄
(一橋大学名誉教授)、
米村敏朗(元警視総監)ほか
執行役員金融戦略室長:小林強
(一橋大学伊藤邦雄ゼミ出身)

交渉

井阪隆一氏

フォートレス・インベストメント・グループ

在日代表:山下明男
(一橋大学伊藤邦雄ゼミ出身)

三菱UFJモルガン・スタンレー証券

副社長:中村春雄
(2022年7月退社)

株式会社　そごう・西武

社長:林拓二→田口広人
副社長:山口公義
(田口、山口両氏は2023年8月就任)

セブン-イレブン・ジャパン

イトーヨーカ堂('23年9月ヨークと経営統合)

セブン&アイ・フードシステムズ

丸大

サンエー

ヨークベニマル

赤ちゃん本舗

ロフト

シェルガーデン、ほか各社

肩書は2022年11月の優先交渉権決定時点

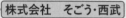

労働組合側─UAゼンセン

セブン&アイグループ労働組合連合会

会長：渡邊健志
事務局長：小鷲良平
事務局次長：中川勇樹
副会長：北山淳、細谷良蔵、曽山高志、今泉雅博、五十嵐昌行、中野健治、吉川雅也、鳥羽田亮

そごう・西武労働組合

中央執行委員長：寺岡泰博
副委員長：坂本武史、割石健介、宮川拓也
書記長：後藤健史
執行委員：高野理恵、岡夏樹、森島万美子 ほか

寺岡泰博氏

イトーヨーカドー労働組合・ヨーク労働組合

セブン&アイ・フードシステムズ労働組合

全丸大労働組合

サンエー労働組合

ヨークベニマル労働組合

赤ちゃん本舗労働組合

ロフト労働組合

シェルガーデン労働組合

主要友好労組（旧セゾングループ）

クレディセゾン労働組合
委員長：佐藤光明

西友労働組合
委員長：佐藤明雄、書記長：宮川敬広
（記者会見場提供）

良品計画労働組合

コンパスグループ・ジャパン（旧西洋フードシステムズ）労働組合

吉野家ユニオン

セゾン自動車火災保険労働組合

セゾンテクノロジー・ユニオン（旧セゾン情報システムズ労働組合）

シェルガーデン労働組合

ロフト労働組合

主要友好労組(百貨店)

髙島屋労働組合(全髙島屋労働組合連合会)
委員長:西嶋秀樹(UAゼンセン百貨店部会部会長)

三越伊勢丹グループ労働組合
委員長:菊池史和(UAゼンセン百貨店部会副部会長)

大丸松坂屋百貨店労働組合
(J.フロントリテイリンググループ労働組合連合会)
委員長:大島宗孝(UAゼンセン百貨店部会副部会長)

阪急阪神百貨店労働組合(エイチ・ツー・オー
リテイリンググループ労働組合連合会)
委員長:宮本護

記者会見に同席

小田急百貨店労働組合(小田急商業労働組合連合会)

東急百貨店グループ労働組合

京王百貨店労働組合

東武百貨店労働組合(東武流通労働組合連合会)

松屋労働組合(松屋グループ労働組合連合会)

藤崎労働組合

近鉄百貨店労働組合(近鉄商業労働組合連合会)

全天満屋労働組合

全山形屋労働組合

プロローグ

〈いよいよだな……〉

真新しいビジネスホテルの一室で目を覚ましたとき、それほどの緊張感はなかった。

電車のトラブルなど不測の事態を避けるため、池袋駅近くに泊まり込んでいた。前日は午前零時近くまでかかってすべての準備を終え、シャワーを浴び、ＬＩＮＥで妻に連絡を入れてぐっすり眠ることができた。娘から届いたスーパームーンの写真と、「がんばって！」というメッセージが心の支えになった。

朝七時、エレベーターでホテル二階の朝食会場に降り、サラダ、ロールパン、スクランブルエッグと、鮭の塩焼き、味噌汁を一気に流し込んだ。コーヒーを飲みながらスマホでニュースサイトに目を通し、気持ちを落ち着かせた。

ホテルを出て左に歩くと一分で池袋駅、西武池袋本店にぶつかるが、そこには多数のメディアが詰めかけているはずだ。店舗前の明治通りを通らないようにあえて大回りをして組合事務所に向かった。

組合事務所は西武池袋本店書籍館の六階にある。

いつもは中央執行部のメンバー六〜七人が詰めているが、この日は直接集合場所に向かう段取りにしている。事務所内は各所から寄せられた差し入れのスポーツドリンクや栄養ドリンクなどが積み上げられたままひとけがなく、ガランとしていた。

前日の各店舗の売り上げの数字や、届いたメールを確認する。中には激励のメールやファックスもあった。

二〇二三年の夏は世界中で記録的な高温を記録したが、とりわけこの日、八月三一日はわれわれにとってもっとも暑く、長い一日になった。東京は曇り空で湿度が高く、朝九時にはすでに三〇度を超え、最高気温は三五度に迫ることが予想されていた。

セブン&アイ・ホールディングスは一九ヵ月に及ぶ交渉のすえ、子会社のそごう・西武をアメリカの投資ファンド、フォートレス・インベストメント・グループに売却する決議を行うことが予定されていた。

私たちそごう・西武労働組合はこの日の決議に強く反対していた。組合は今回の交渉にあたって当初から「雇用の維持」と「百貨店事業の継続」そして「事前の情報開示」を要求していたが、親会社が代わることによって雇用の維持や事業継続の先行きが不透明になることを強く懸念していたためである。

「池袋の家主になるヨドバシホールディングスとは定期借家契約ですよね。なんでこんな条件なんですか。せめて普通借家契約にできないんですか。これで百貨店事業を継続できるんですか。自らの意思では継続できないじゃないですか。退店を迫られたら終わりです。二〇年、三〇年という契約になぜできないんですか」

「いまどき普通借家契約なんてありません。そんなことをしたらヨドバシは買ってくれませんよ。このディールは成立しません」

「だったら売らなければいいじゃないですか。われわれにとって条件が悪い話なんですから。今回のディールはそごう・西武を再成長させるためのもので、ヨドバシを成長させるためのものではないですよね」

「いや寺岡さん、これでディールが不成立になったら会社潰れますよ。寺岡さんあなた会社を潰すんですか。社員を路頭に迷わすんですか」

「いや社長、そういう話をしているんじゃないんです。条件が悪い交渉だったら、やめればいいということを言っているだけなんです」

歩きながら、セブン&アイの井《い》阪《さか》隆《りゅう》一《いち》社長と重ねてきた話し合いの内容が頭をよぎった。

何度話し合っても嚙み合うことがない……そんなやり取りを、はじめはセブン&アイグループ労働組合連合会と経営陣との話し合いの場で、その後は団体交渉で、ときには一対一の対面で、さらに電話でと幾度となく繰り返してきた。

嵐の前の静けさ——。

頭のなかで、この日の段取りを再確認した。自宅に何度も夜回りに来て面識ができていたテレビや新聞の担当記者の一人からは、早朝に確認の電話が入っていた。

「寺岡さん、ひょっとしていま自宅にいませんか？」

「昨夜は帰ってないよ。もう池袋にいる」

「あ〜」

どうやら埼玉の自宅の前で記者が「出待ち」をしていたようだ。電話口で記者は声にならない声を発している。いずれにせよ、ストに臨む前に早朝の池袋で記者に囲まれるようなことになるのは避けたい。池袋駅東口のこの通りは飲食店が集中し、夜はネオンがまぶしい華やかな繁華街だが、早朝のこの時間、それほど人通りは多くない。夏休み期間中のためか、近くの大学や専門学校に通う学生の姿もないようだった。

「委員長さん！」

信号待ちをしていると、そう声をかけられた。気づかれたか？　一瞬ドキッとしたが、どうやらテレビで見て私の顔を覚えていた一般の方のようだ。

「頑張ってくださいね」
そう言われて、胸をなでおろした。自分たちがしようとしていることは、池袋の街の人たちから反感を買っているわけではなさそうだ。それを感じられただけでも、気持ちが軽くなり、元気をもらえた。

この日の集合場所には、サンシャインシティ・ワールドインポートマートビル五階の会議室を押さえていた。組合員に伝えている集合時間は午前九時四五分だが、その三〇分くらい前には着いていたい。

堤清二《つつみせいじ》氏に率いられていた時代、西武百貨店の本社だけでなく西友の本社や、不動産やリゾート開発を手がけていた西洋環境開発などの本社が、サンシャインシティオフィス棟のサンシャイン60に入居していた。入社間もないころ、サンシャインの上層階から池袋駅のほうを見ると「ＳＥＩＢＵ」「ＰＡＲＣＯ」の巨大なネオンが目立っていた。すごい会社に入ったんだな、と思ったものだ。

いわばセゾングループの総本山だったが、二〇〇〇年以降、多くの関連会社が撤退している。

デモ行進に参加するのは五〇名くらいと見込んでいた。

休業する西武池袋本店に勤務する組合員を対象に声をかけていたが、ビラ配りや裏方の人数が足りなくなったときに備えて全国のそごう・西武の店舗・事業所の組合幹部に声をかけ、休みをとれるメンバーは参加してくれるように頼んでいた。

われわれ中央執行部の面々や、応援のメンバーを入れても、このくらいの広さがあれば十分なはずだった。

集合時間にはまだ余裕があったが、会議室の前にはすでに行列ができていた。手前側のドアの内側に簡単な受付を設け、早く来た人から順に前に詰めて座ってもらったが、外の通路にまで組合員が行列をつくっている。

まさかこんな事態になるとは……前日の報告で、予定よりある程度人数が増えると予測はしていたが、現実は予測をはるかに超えていた。

定員一三五名の15番会議室は、すでに座りきれず立っている人がいる。さらに受け付けを済ませ、続々と組合員が入ってくる。またたく間に会議室内は人で溢れ、熱気が充満した。

髙島屋の西嶋秀樹委員長、三越伊勢丹の菊池史和委員長、大丸松坂屋の大島宗孝委員長、阪急阪神百貨店の宮本護委員長ら、同業の百貨店労組幹部をはじめ、クレディセゾン労組の佐藤光明委員長らの顔が見える。

朝早くからフロアに立ち、参加者の道案内係だけでなく、受付の裏方まで務めていただいていた。

「今日はありがとうございます！　申し訳ありません」

「寺岡さん、頑張って。なんでも手伝いますよ」

三日前のストライキ予告通知会見に同席してくれたこと、活動を支援する声明を出してくれたこと、ＳＮＳでの情報発信……ここまで、このメンバーにどれほど勇気づけられ、励まされたことか。

別会場でビラ配りの準備にあたっていた副委員長の坂本武史を除く、中央執行部三役のメンバーもすでに顔を揃えていた。

副委員長の割石《わりいし》健介、宮川拓也。

書記長の後藤健史。

みんな普段通りのいい顔をしている。三役のなかでも、とくに割石とは、ストライキに踏み切るかどうかの議論を何度も重ねてきた。

「本当にやることでいいんですかね？」

割石は最後の最後まで「ほかに手がないのか」と探る気持ちを残しているようだった。割石はほかの中央執行委員に対しても、心底自分ごととして考え抜いたのかと問いかけるような思いを抱いているように感じていた。

しかし、ここまできたら、誰かが腹をくくって判断するしかない。最後は私が押し切った。

その割石も、今日はどこか吹っ切れた様子だ。デモ行進は、割石が先頭に立って歩くことになっている。言ってみれば彼が「主役」だ。池袋本店の食品部にいた時代は物産展などを企画する催事係に所属していたからマイクパフォーマンスはお手の物だろう。

割石がその気になってくれなければデモは成功しない。どのような口上が良いか、数日前に確認はしていたが、基本的には割石に任せている。その顔を見たら、すでに覚悟は決めているようだった。

私より一〇歳ほど年下で、数年前まで百貨店の社員にはそぐわないような派手な髪型にしていた。チャラ男風の外見からは想像もつかないほど人の意を汲むのがうまく、決めたことは確実にやる男だ。私がもっとも信頼するメンバーの一人である。

ここ数年、コロナ禍で組合の集会や大会もほとんどがオンライン開催となり、組合員の皆さんと直接顔を合わせる機会は激減していたが、久しぶりの「大会」がストライキ、デモ行進となった。それだけ事態は切迫しているのだ。

多くの組合員から握手を求められた。ある若い女性社員は、うっすら涙目になっている。

「私、子どものときに母と一緒に池袋西武で何度もお買い物をして、それで憧れて入社したんです。池袋西武をなくさないように、お願いします」

その間にも受付の列はどんどん伸びていった。感染を避けるためはじめは間隔を空けて座っていたが、すぐにそんな余裕はなくなり、まるで一昔前の帰省列車のように机と机の間に立っている組合員が大勢いる。

最終的なデモ参加者の数は、なんと三〇〇人以上に達していた——。

＊　＊　＊

私が中央執行委員長を務めるそごう・西武労働組合は、二〇二三年八月三一日、百貨店としては六一年ぶりのストライキを決行しました。

委員長として、ストに踏み切ることは本意ではありませんでした。

お客さまにかけるご迷惑や、お取引先さまとの信頼関係、地域における社会的な反響の大きさを考えれば、誰だってやりたいとは思わないでしょう。会社側との団体交渉でストの可能性に言及し、組合員にスト権の投票を実施して九三・九パーセントの支持を得たときも、実際にストをする気はありませんでした。「事前協議の継続」というわれわれの要望に会社

東池袋中央公園に集まった組合員に声をかける割石副委員長（産経新聞社提供）

側が誠実に向き合おうとしなかったことで、結果的にストライキに踏み込むことになってしまったのです。

デモ行進中は沿道の皆さんから温かいご声援をいただきましたが、厳しいご意見もあったことは承知しています。「百貨店は斜陽《しゃよう》産業で、すでにその存在意義を失っている」という見方もあるでしょう。「どうせ潰れる会社なんだから、いまさらストなんかやって頑張っても意味がない。もっと早く頑張れよ」「どうしようもない百貨店を買ってくれるだけマシだ」というご意見を耳にしたこともあります。

しかし私は、そうは思っていません。

百貨店は、一企業だけのものではない、その街で長くお客さまに愛され、地域に深く根ざしたお店は、街の文化の一部、公器であるというのが私の考えです。

西武池袋本店は戦前に創業し、旧セゾングループの時代からずっと池袋の街とともに歩んできました。お客さまに育てられ、支持されてきた自負があります。店舗として黒字であり業界でトップクラスの売り上げを誇り、年間六五〇〇万～七〇〇〇万人もの入店客数を誇るこの店舗が否定されることは、すなわち百貨店という文化そのものを否定しているに等しいと私は考えています。

この日のデモ行進で先頭に立ったそごう・西武労働組合中央執行副委員長の割石はハンドマイクを持ち、

「池袋の地に、百貨店を残そう」

「西武池袋本店を守ろう」

「日頃からご利用いただいているお客さまに、これからも、お買い物を楽しんでいただきたい」

と連呼し、後続のわれわれもそれに声を合わせて訴えました。

県庁所在地など、あらゆる地方都市に百貨店がある時代はたしかに終わったかもしれません。しかし、大都市圏を中心にいま、百貨店の売り上げは急回復し、史上最高の利益を挙げる店舗、会社も出てきています。

百貨店の最大の資産は「人」だとよく言われますが、そごう・西武には長年小売りの現場に立ち、お客さまと信頼関係を築いて、自ら商品を試し買いし、その本当の価値を知ったうえで販売にあたる販売員が数多くいます。

ブランド衣料でさえワンクリックで買える時代になっていますが、ネットでの購入はどうしても一人よがりというか、これなら大丈夫という「安全策」の選択になってしまいます。経験ある店員から提案を受けることで自分の新しいスタイルを発見したり、価値観が変わったりすることもあると思います。それによっていままでと違う形で満足感が充足され、お客さま個々の生活や人生を変えていくことにもつながるのです。

今後、ＡＩが発達してアマゾンやＺＯＺＯのようなＥＣ（電子商取引）業態がさらに進化していくことは間違いありません。

しかし、これまでにも何度も時代にあわせて変化し、対応することで百数十年にわたって続いてきた百貨店という業態が消滅することはないと確信しています。そうした変化への対応力を含めて「文化」だと考えていますし、おカネで買えない価値を提供することができると思っています。

コンビニという業態は目覚ましい発展を遂げてきましたし、今後もさらに発展していく可能性を秘めています。

食料品から日用品、衣料まで、コンビニ店舗さえあれば生きていくのに必要なものはすべて揃うとも言われます。しかし、それだけで生活に充足感を得られるかは人それぞれですし、暮らしの豊かさを感じることはあっても、毎日は難しいのではないでしょうか。「生活必需品」の定義が十人十色であるように、小売りの業態によって背負う役割・求められる期待感はそれぞれ違うのです。

ウイルスの感染蔓延がある程度収束し、二〇二三年の年末、二四年の年始は「リベンジ消費」と呼ばれるほどデパートの店頭が盛り上がりました。人で溢れる店内を歩きながら、そうした思いがより強くなりました。

そごう・西武は二〇〇六年、セブン&アイ・ホールディングスに買収され、セブン&アイの子会社になりました。

それから一七年、私は現場の一社員として多くの時間を過ごしてきました。

買収当初こそ鈴木敏文《すずきとしふみ》氏のもとでグループシナジーを最大限発揮させようという思いを感じていましたが、その後はそごう・西武を成長させようという姿勢は薄れているように思いました。

自分たちの至らなさを棚に上げるつもりもありませんが、百貨店はセブン&アイにとって不採算事業の「厄介者」で、次はどの店舗が営業終了を告げられるのか、常にその不安に苛まれていました。

二〇二三年にそごう・西武を買収したフォートレス・インベストメント・グループの描いたスキームも、ヨドバシホールディングスに西武池袋本店の不動産を売却することが前提で、今後、残された百貨店事業をどのように成長させていくのかは道半ばです。

そごうと西武それぞれの歴史を振り返ってみても、一九六〇年代はじめから「カリスマ」と言われる経営者に率いられ、時に無謀とも思えるような投資にのめり込み、バブル崩壊の直撃を受けて、膨大な負債をつくったという点で共通しています。

そごうは民事再生法適用という法的整理を経験し、西武は銀行団など債権者との厳しい協議を経て私的整理の枠組みによって、再建への道を歩んできました。その過程で、多数の店舗閉鎖や人員削減という痛みを経験しています。私自身も、同僚や先輩が心ならずも退職を強《し》いられた場面を何度も目にしてきました。

それから二〇年以上を経て、なぜまたこのような事態になるのでしょう。その後何度もつくられてきた「経営再建計画」や、「中期経営計画」はなんだったのでしょう。

私は一社員、組合の執行委員に過ぎず、歴代の経営陣を論評できる立場にはありませんが、それぞれが適切な経営ビジョンを持ち、現場への理解と共感を持って経営にあたってきたと、結果を見る限り自信を持って言い切ることはできません。

経営者の方針次第で多くの従業員や、地域経済を巻き込んできたことを踏まえると、「仕方なかった」では済まない話なのです。

今回、書籍の出版を決意したのは、私たちの経験をきちんとした記録の形で残したいと考えたからです。

それぞれの街を愛し、お店を愛してくださるお客さまとともに、時代に合わせてそのあり方を変化させながら、百貨店という事業をこれからも長く続けてほしいと願うからです。

当たり前のことですが、人間は「働く機械」ではありません。

そごう・西武で働く約五〇〇〇名の従業員、また取引先さまから派遣されている販売員さんを含めた約三万五〇〇〇名は、その一人ひとりが百貨店事業に強い愛着と、誇りを持っています。

自分の携わる仕事、事業に愛着と誇りを持たなければ、土日・祝日の長時間勤務も、顧客の嗜好を考え抜くことも、できるはずがありません。どのような親会社にせよ、ぜひとも、その思いを汲み取っていただきたいと願っています。

決断●目次

装幀：番洋樹

第1章 「西武」と「そごう」

2003年5月、そごうと西武の経営統合後の体制を発表する
和田繁明・十合社長（＝中央、毎日新聞社提供）

百貨店の革命者・堤清二

そごう・西武の社長室には、古い大きな楕円形のテーブルがある。西武百貨店の実質的な創業者である堤清二氏が社長を務めていた時代から受け継がれたもので、歴代の経営幹部がこのテーブルを囲み、会社の針路を展望してきた。

西武グループの総帥・堤康次郎《やすじろう》が一九四〇年に菊屋デパート池袋分店を買収し、戦後、西武百貨店と改称した。息子の堤清二が東京大学を卒業後、一九五四年に西武百貨店に入社し、翌年二八歳で取締役店長を任された。

辻井喬《つじいたかし》の筆名で文筆家として活動していた清二氏は、商売にはまったく興味がなかったが、一九六六年に社長に就任する。経営者としての堤清二氏は、「商売」をいかにして自らの考える「文化」に融合させるかということにこだわりつづけた。

「ものを売ること自体に、文化をものに託して手渡すという役割がある」

「売るということと一緒に情報を売る、ライフスタイルを売る」

という言葉にその思想が現れている。

駅近くの二つの映画館が閉業した跡地に一九六八年四月に開業した西武百貨店渋谷店は、

六〇年代の空気を反映し、新しいファッションや文化を追求する先鋭的な店となった。

とくに有名なのは中二階に設けられた「CAPSULE（カプセル）」という売り場で、ここでの展示をきっかけに川久保玲（コム・デ・ギャルソン）、山本寛斎、三宅一生（イッセイミヤケ）などの新進デザイナーを世に出した。

日本人初のパリコレ・モデルとして知られる伝説の美女、山口小夜子は、七〇年代はじめに西武渋谷店を訪れたときのことを著書でこう書いている。

「ある日、渋谷の西武デパートで衝撃的なほどに美しい洋服を見ました。（中略）それまで見たこともない服でした。学校でいいとされていることと反対のことをやっている服で、それがとても美しかったのです。ラベルを見ると〝KANSAI〟と書いてありました」

西武デパート・堤清二社長（1962年11月撮影、共同通信社提供）

渋谷西武の成功を足がかりに、堤清二氏はロフト、無印良品といった新しい業態の小売企業を次々に創業した。堤氏は無印良品を「反体制商品」と呼び、ブランド名をつけるだけで価格を上げる安易な戦略に異を唱えた。

クレディセゾン、西友などセゾングループという企業群をつくりあげ、最盛期にはグループ全体で四兆円もの売り上げを記録するまでになる。

また、「文化」に対するこだわりは当初から旺盛で、一九六一年に西武池袋店で「パウル・クレー展」を開催し、翌年には高輪美術館を設立している。

一九七三年に渋谷PARCOを開業するとほぼ同時に「西武劇場」（現・PARCO劇場）を開館、西武池袋店には西武美術館を創り、先鋭的な品揃えの書店「リブロ」やアート専門書やレコードを扱う「アール・ヴィヴァン」を開業した。一九八〇年代までのセゾングループは堤清二氏の理想通り、「商売」と「文化」を融合させることに成功していたと言っていい。

グループは拡大を続け、一九八八年にはイギリスの事業会社からホテルチェーン「インターコンチネンタルホテルズ」を二八〇〇億円で買収し、西友の子会社とする。前年には内装や施設に贅を尽くした「ホテル西洋銀座」を東京・京橋に開業した。

しかし、バブル崩壊で堤氏の理想は暗転する。

セゾングループにはホテル経営のノウハウはほとんどなく、開業から赤字は累積していた。グループ会社の西洋環境開発で進めていた宅地開発、リゾート開発、ホテル経営では四〇〇〇億円もの負債が顕在化した。また、足元では西武百貨店の地方店舗でも赤字を計上していた。

約三〇年にわたってグループを率いた清二氏は、不可侵の存在だった。西武百貨店は非上場企業で、その財務状況が公になっていなかったし、文化人経営者として、世間の評価も高かった。

メインバンクの圧力もあり、堤清二氏は一九九一年に「引退」を宣言するが、実際にはグループ内の役職を占め、影響力を保ちつづけた。セゾングループ各社のトップが一月一日の元日に東京・南麻布の清二氏の豪邸を訪れ、年始の挨拶をする慣例は一九九九年まで続けられている。

四三歳で西武百貨店の社長に抜擢されていた水野誠一氏は義理の姉にあたる女性と堤氏が再婚しており、堤氏とは義理の兄弟という関係だった。父は「財界四天王」と言われ、文化放送やニッポン放送の社長を務めた水野成夫《しげお》氏で、慶応大学卒業後に西武百貨店に入り、女優の木内みどりさんと結婚したことでも話題になった。

一九九三年入社の私にとって、入社当時の社長は水野誠一氏だった。

渋谷で行われたグループ合同入社式で水野社長は「淀んだ空気の現場に新入社員として新しい風を吹かせてほしい」と挨拶された。いまとなっては汗顔の至りというほかないが、配属された高槻店での最初の売り場朝礼で「私がその風になりたい」と宣言したことを鮮明に記憶している。

しかし、経営環境の著しい悪化は、堤＝水野体制の継続を許さなかった。

西武百貨店に大卒二期生として入社し、早くから将来の社長候補と見られながら関連会社に左遷されていた和田繁明《わだしげあき》氏が一九九二年に西武百貨店会長として呼び戻され、放漫経営の修正に取り組みはじめる。

そのひとつの象徴が、兵庫県・神戸ハーバーランドの新店舗である。ハーバーランドは国鉄湊川《みなとがわ》貨物駅跡に構想された大型の再開発プロジェクトで、商業施設だけでなくホテル、住宅、レジャー施設まで含めたひとつの「街」をつくってしまおうという野心的な試みだった。

神戸ハーバーランドへの出店をリードしたのは水野誠一社長で、新たに設立した子会社神戸西武百貨店の社長も兼務し、一九九二年九月に開業にこぎつけた。私はこの年の一〇月にハーバーランドにほど近い湊川神社楠公《なんこう》会館で行われた入社内定式に出席し、配属の第一希望は神戸店としていた。

しかしハーバーランドには同時に阪急百貨店、ＧＭＳ（総合スーパー）のダイエーも開業したうえ、西武の立地は駅直結の阪急から道を隔てていて、はじめから不利な戦いを強いられた。神戸にできた新しい「街」に足を運ぶ人の数自体も想定より少なかった。

神戸店の店長がのちにメディアの取材に答えて「初日の売上高が想定の半分だった」とし、「開店の初日の夕方には誤算があったと思った」というほど、壊滅的な惨敗だった。年間二一八億円と見積もっていた売り上げは三分の一の七二億円と、開店まもなく赤字を垂れ流すことになった。

西武に復帰した和田氏は開業から二年余り後の一九九四年一二月末で神戸西武を閉店し、経営する子会社を清算すると決断した。

神戸西武にいた二二六名の正社員は別の店舗や部署への配転が決まったが、一一九名の契約社員は契約終了となり、会社の窓口が再就職先を斡旋《あっせん》することになった。閉店中の翌年一月阪神・淡路大震災に見舞われたが、店内は整理整頓されており什器《じゅうき》はきれいに保存されていて無事だった。

一九九五年になると、東京での旗艦店だった有楽町西武の改革も始まった。「業態革新」として食品売り場などを廃止し、売り場効率化、従業員数を大幅に削減、赤字幅を減らすことを目指した。

また、和田氏は東京・東池袋のサンシャイン60から、西武鉄道の旧本社ビル（現ダイヤゲート池袋）に本社を移した。そのためこのころ、堤清二氏の異母弟の義明氏率いる西武鉄道グループが西武百貨店を吸収するのではないかという憶測もあった。西武鉄道による吸収合併が実現しなかったことが、そごう・西武の先行きに影響を及ぼすことになる。

和田氏は大胆なリストラで西武百貨店の黒字化を達成すると、今度はセゾングループの再建を依頼される。しかし、セゾンには西洋環境開発など「問題企業」が名を連ね、堤清二氏の影響力もまだ健在だった。一九九七年セゾン会長に就任した和田氏は再建案の内容をめぐって堤清二氏と衝突し、一九九九年に西武百貨店、セゾンの役職から身を引いた。

グループへの清二氏の影響力がようやく消滅するのは二〇〇〇年になってからである。「セゾングループの爆弾」と言われた西洋環境開発の特別清算が認可され、堤氏は株式と現金合わせて一〇〇億円にものぼる私財を提供した。

しかし、それでも五五三八億円という巨額の負債の穴埋めには焼け石に水で、銀行団は三四〇〇億円の債権を放棄し、セゾングループ各社も債権の放棄に加えて清算のための資金の拠出を強いられた。

なかでも西武百貨店が拠出したのは五〇〇億円にのぼり、これが経営再建中の会社に大きなダメージを与えることになる。西武百貨店の資本金はわずか三四億円で、一気に債務超過の危機に瀕することになった。

セゾングループはこうして跡形もなく崩壊した。

「あとから来た男」水島廣雄

一方のそごうにも、水島《みずしま》廣雄《ひろお》という強烈なカリスマ経営者がいた。

堤氏より一五歳年長の水島氏は一九一二年（明治四五年）京都・舞鶴の漁村に生まれた。学業優秀で、中央大学法学部を首席で卒業して名門・日本興業銀行に入社した。同期入社の多くが東大卒だったという。

記者会見に臨むそごう・水島廣雄社長（1985年８月撮影、共同通信社提供）

銀行員として働きながら得意の法律の勉強を続け、執筆した論文が認められて法学博士号を取得している。しかし、東大卒など学閥が評価される社風の興銀で、水島氏は割り切れない思いを抱えていたようだ。

妻の兄がそごうの大株主の家に養子に入っていた縁から、一九五八年に興銀を退社し、そごうに副社長として迎えられる。四六歳での転身だった。

そごうは大阪・心斎橋と神戸にふたつの店を構える中堅の百貨店だったが、水島氏入社の前年、有楽町に開業した読売会館内に「有楽町そごう」を開業し、念願の東京進出を果たしたばかりだった。

水島氏は一九六二年にそごう社長となり、以降三〇年以上にわたって絶対的な存在として同社に君臨する。

水島氏が選択したのも猛烈な拡大戦略だった。

大都市から一定の距離を置き、虹のように取り囲んで出店するという「レインボーの法則」に基づき、千葉駅前への出店を計画する。都心から離れた千葉駅で開店することに当初、多くの経営幹部が懸念を抱いていたが、水島氏と夫人が出資する別会社「千葉そごう」を設立し、そこを経営母体とすることで一九六七年三月に強引に開店にこぎつけた。

この千葉そごうの成功が、水島氏に自信と権威を与えることになる。

以後、水島氏は一〇店舗、二〇店舗と店舗数を増やし、九〇年代はじめには三〇店舗を超えるまでになった。新たに開店した店舗はいずれも別法人として、その株は千葉そごうをはじめとするグループ各社に分散して持たせた。それによって千葉そごうの大株主である水島氏が間接的に各店舗を支配し、グループ内で絶対的な権力を握ることになる。

さらに香港、台湾、ロンドンなど海外にも積極的に出店し、最盛期には海外だけで一四店舗を数えた。

水島氏は堤清二氏のように文化を標榜《ひょうぼう》したり、ホテルやリゾート経営に乗り出すことはなかったが、それぞれの店の経営は店長任せで、赤字が出ればグループ内で融資しあったり、銀行から追加の融資を引き出して、拡張路線を走りつづけた。店舗数を二〇以上に増やすとする「トリプルＳＯＧＯ政策」を打ち出し、社員数を増やしていた。

実は私は、一九九二年当時の就職活動で、そごうの入社試験も受けている。

関西で生まれ育った私にとって百貨店といえば西武よりそごうだったし、心斎橋そごうの軟式野球部には私の在籍した大学野球部の先輩が数名在籍しており、横浜そごうには都市対抗野球に出場するほどの強豪野球部があって、身近に感じていた。

いまにして思えばどちらに入社しても同じ道をたどることになったのだが……。

個々の店の経理状態を把握せず、店任せにする水島氏の野放図な経営はバブル崩壊によって瓦解した。各店舗の売り上げが急減したうえ、銀行団からの融資も止まり、グループ全体で一兆円を超える巨額の負債があると報じられた。そごうの先行きを危惧した日本興業銀行、日本長期信用銀行などの銀行団は一九九四年に副社長を送り込み、水島氏は会長となった。

しばらくの間は銀行派と水島派の役員の綱引きが続いていたが、メインバンクの長銀が一九九八年一〇月に経営破綻したことでそごうの経営は風雲急を告げる。

古巣の興銀の後輩から引導を渡される形で、水島氏は二〇〇〇年に会長職を辞した。奇しくも堤清二氏の退場と同じ年だった。

複雑に資本を持ち合っていたそごうグループ各社が二〇〇〇年七月に民事再生法の適用を申請したとき、負債総額は一兆八七〇〇億円にも膨れ上がっていた。長銀の保有していた約二〇〇〇億円の債権を引き継いだ新生銀行は全額を預金保険機構に引き取らせ、約一五〇〇億円が国民負担となった。

興銀は、前年にセゾングループを離れていた和田繁明氏にそごうの再建を託す。和田氏はそごうの特別顧問に就任し、翌年、新たに設立した統括会社「十合《そごう》」の社長となった。

ここから、西武とそごうが合併する流れができていった。

前述のように西武百貨店は和田氏が去った翌年の二〇〇〇年の西洋環境開発の特別清算で五〇〇億円もの支出を強いられ、資金繰り難に陥っていた。

興銀の後身のみずほコーポレート銀行は債権者間の話し合いによる「私的整理」の枠組みによって西武百貨店の負債を大幅に減らし、そごうと合併させて再建するスキームを描く。

二〇〇三年二月、西武百貨店の債権者集会を行って総額二二〇〇億円の債権放棄で合意し、新株を発行して「十合」がその五〇パーセントを持つ形とした。つまり、西武百貨店とそごうを「十合」の子会社としたのである。

このスキームは、和田繁明氏という「再建請負人」の存在が大前提となっていた。和田氏は西武の特別顧問を兼務し、同年六月にそごうと西武が経営統合、十合はミレニアムリテイリングと社名を変更した。

このとき私は入社一〇年目で、高槻店にいた。そこで苛烈なリストラの現場を目撃することになる。

ストライキの大先輩

大学まで野球に打ち込んでいた私が百貨店業界を志したのは、大丸の配送センターでアルバイトをしていたこと、親戚に小売業に関わる人が多かったことも影響したかもしれない。

小学生のときから兵庫県内のリトルリーグのチームに入って白球を追い、中学では陸上部にいたが、高校では再度野球部に入った。

進学したのは兵庫県の川西明峰《かわにしめいほう》という普通の県立高校で、野球の強豪校が揃う兵庫ではまったく目立つ存在ではないが、野球部のＯＢに元ヤクルトの古田敦也さんがいること、私が卒業したあとの一九九三年の春の選抜高校野球大会に出ていることで、校名に記憶のある方もいるかもしれない。

古田さんとは学年が五つ違いで、私が入学する二年前にすでに卒業されていたが、一九八七年の日米大学野球選手権で代表チームのキャプテンに選ばれた古田さんが高校の練習に顔を出され、外野ノックをしていただいたことがある。

その古田さんも、二〇〇四年に選手会会長として日本野球機構と対立、翌年からの新規球団参入に向けて最大限の努力をすると約束しない機構側に反発して二日間のストライキを決断した。

偉大すぎる先輩・古田さんの一九年あとに、同じくストライキの先頭に立つことになるとは、当時は想像もつかなかった。「近年のストで世論を味方につけて話題になったのはプロ野球選手会だよな」――そごう・西武労組としてストに突入する際相談させていただいた棗《なつめ》一郎弁護士にそう言われてはっとするまで、その共通点に気付いていなかった。

高校時代は古田さんの足元にも及ばない、お世辞にもうまい野球部員ではなかったが、大学でも野球を継続してやることを条件に指定校推薦をもらい、桃山学院大学に進学した。

関西には大学野球リーグが五つあるが、桃山学院は大阪体育大学、天理大学、甲南大学、関西外国語大学などが所属する阪神大学野球連盟に所属している。われわれの時代は一部リーグが六チーム、二部が八チームで、桃山学院は私が入学した年の秋に入れ替え戦に勝利して一部に昇格、四年時の春に二部に降格した。

大学野球部では三年生のとき阪神大学野球連盟の学生委員長という役職に就いている。学生委員長といっても、やっていることはまったくの裏方で、各大手新聞社にリーグの試合結果を電話で知らせたり、スコアボードの裏に学生がイタズラ書きをしたことが発覚して叱られ、消しに行ったり、判定に文句を言った選手がいたと審判に怒られたりとか、そういった仕事だった。

ある全国紙の編集局に試合結果を伝えたところ、「君のところの連盟の結果なんて別に知らなくてもいいよ」とガチャンと電話を切られたこともある。いまでもその新聞社の定期購読はしないと心に決めている。

関西にある五つの大学野球連盟は毎年持ち回りで代表を出しているが、たまたま私が学生委員長の年が当番にあたり、東京・神宮球場で行われる全日本大学野球選手権大会に役員を派遣する窓口なども務めた。

こうした経験が現在の組合委員長の仕事に生きているのかどうかは定かではないが、野球部時代の友人にはいまも支えてもらっている。

川西明峰高の野球部同期のエースは、総合商社でM＆Aコンサルティングに携わり、現在会社経営者となっているが、彼から「今回のスト決行は、会社経営者の側から見ても、正しい行動だと思う。頑張れ！」とメッセージをもらい、勇気がわいた。

大学野球部時代のキャプテンも、「体には気をつけろよ」と労《ねぎら》いのメッセージをくれた。

川西明峰高時代の同級生には、日本を代表する水中カメラマンの鍵井靖章《かぎいやすあき》さんがいる。「情熱大陸」や「クレイジージャーニー」など多数のテレビ出演歴がある鍵井さんとは二〇一一年、高校卒業以来二三年ぶりに再会し、私が仲介役を務めて西武やそごうの店舗で写真展を開いてもらったことがあった。

その鍵井さんが、今回のスト の際、フェイスブックでさりげなく応援してくれたことも強く心に残っている。

〈地元を離れ東京で孤軍奮闘していた時、同郷の仲間に助けてもらえたことは、どれほど嬉しく、心強かったことか…。

そんな寺岡くんが、必死で戦っている。家族、友人思いのええ男です〉

本当に多くの方が、私の背中を支えてくれた。

和田改革一期生

私が西武百貨店に入社した一九九三年ころから、就職戦線の「学生優位」が一変した。それを境に西武百貨店の採用数もぐっと少なくなっている。

入社前にはあまり分かっていなかったが、研修を経て配属された職場には、まだ堤時代の「セゾン文化」の雰囲気が色濃く残っていた。実家からほど近い「つかしん店」（尼崎市塚口本町）や「宝塚西武」には子どものころから親しんでいたが、つかしん店はショッピングモール内の店舗だったし、宝塚店の運営は西友で、本当の意味での西武百貨店の「文化」に触れたのは入社してからだった。

実際に堤氏と同じ時代を生きてきた諸先輩方から見れば「往時を知らない若造が何を語っているのか」と思われるかもしれないが、誤解を恐れずに言えば、セゾン文化を知る人たちは、「やりたいことをやればいい、とにかく面白いことをやろう」という雰囲気だったように思う。豪快で無茶苦茶な先輩が数多くいた。お客さまを呼ぶためにはどうすればいいか、そのための企画を考えることがすべてに優先し、効率を追求したり、どうすれば利益を出せるかを考えるという空気はあまりなかった。

入社当時所属していた紳士・スポーツ課での半期に一度のスポーツ用品バーゲンや父の日、西武ライオンズ優勝感謝セールは常にお祭りみたいなものだった。あまりに忙しすぎてエレベーターを待つ時間が惜しく、荷物台車やラックハンガーを担いで階段を往復したこともある。

西武百貨店会長として復帰した和田繁明氏は、私の入社直後の一九九三年四月、役員の降格という人事を強行し、さらに「システム化推進五項目」と呼ばれる職場改革を断行する。具体的には、

・業務遂行ガイド
・ワークスケジューリング
・個人別目標管理
・週間販売メモ
・発注の定例化・適正化

の五つを徹底するよう伝えられていた。これまで慣例や個人的な関係に引きずられていた発注や商品管理体制を合理化し、それぞれの役職の役割と責任を明確化するよう求めた。私はその「和田改革一期生」ということになるのかもしれない。

しかし、前述のように二〇〇〇年の西洋環境開発特別清算に伴って五〇〇億円を拠出したことが響き、西武百貨店は再び資金繰りに窮するようになる。

そごうが民事再生法適用を申請、二〇〇一年に総合スーパーのマイカルが民事再生法適用を申請（のちに会社更生法に切り替え）して倒産すると、業界内には「次は西武だ」という

噂が流れ、取引先が商品を引き上げはじめる気配さえ感じることもあった。

もしそうなれば、小売店としてはジ・エンドだ。

百貨店の売り場には、百貨店が「買い取り」して自ら販売している商品と「委託販売」（消化仕入れ）の商品、それからテナントとして場所だけを貸す形態が混在している。

消化仕入れの商品は取引先が持つ在庫なので、引き上げようと思えばいつでも引き上げることができるが、売り場の一角に商品がなくなり、がらんと空きスペースになっていたらお客さまに与える印象は最悪で、百貨店として決定的なダメージになってしまう。

法的整理前のそごうでも、大手の取引先がラックごと商品を引き上げていったという話を耳にしていた。当時私は売り場責任者を務めていたが、ただでさえ関西地域の品揃えは競合百貨店と比べても見劣りするのに、それがさらに厳しくなる事態だけは避けたいと思っていた。

結局西武百貨店は二〇〇三年に私的整理という形で債務を大幅に圧縮し、再生を目指すことになる。川崎西武、函館西武、アムス仙台西武、豊橋西武の閉店が決まり、しかもその四店舗に勤務していた契約社員だけでなく、約二五〇名の正社員が解雇通告されることになった。のちに労使協議によって一方的な解雇はなんとか回避されたが、これだけの数の正社員が解雇寸前にまで追い込まれたのは衝撃的だった。

会社の一方的な都合で行う整理解雇については、いわゆる「四要件」というかなり高い法的ハードルが課せられている。人員削減の必要性、解雇回避努力、人員選定の合理性、解雇手続きの妥当性という四つの条件で、簡単に言えば、解雇しなければ会社が立ち行かないということがはっきりしているかどうかである。

閉店する四店舗だけでなく、全店舗で事実上の人員削減が進められた。

私のいた高槻店でも、店長自ら社員を呼び出し、個別面談を行っていた。どうやら本部から各店舗ごとに退職者数の「割り当て」的なものが非公式に申し伝えられていたようだった。

私は最初に配属された紳士・スポーツ課を離れ、婦人服売り場に移っていた。

このころはまだ、職場ごとに仕事のあと飲みに行くような機会が残っていて、閉店のあと、先輩と食事しながらしばしば「反省会」をしていた。そんな飲み会が、あるとき、送別会の席に変わった。

店長との面談の末に退職することを決めた五〇歳前後の部課長クラスの社員の方が、涙ながらに挨拶をされた。

「もちろん、自分としてはこの会社を辞めたくはないです。だけど、会社を残すために、若い人たちに道を譲るために退職を決意しました。皆さん、これからも良いお店づくりのために頑張ってください」

同席していた店長があとを引き継ぎ、

「本当は残ってほしいんです。だけど、会社のために、辞めていただくしかなかった。申し訳ない」

と、肩を叩いてねぎらった。最後は出席者全員で「頑張れ、頑張れ」とシュプレヒコールをし、退職される方を拍手で送り出した。その寂しげな背中は、いまも忘れることができない。もう二度とこんなシーンは見たくないと思った。

当時、関西には高槻店のほかに八尾店、つかしん店、大津店があり各店の状況はよく聞こえてきていた。別の店長はもっと過激なやり方で退職を迫っているという話も耳にした。面談で「お前、会社辞めろ」といった高圧的なもの言いで退職を迫っているという。私も面識があった店長だが、たしかにべらんめえ調の話し方をする人だった。

実はこの数年のちに、労組役員として当時の本音を伺う機会があった。

「本当は、あんなやり方はしたくなかったんだよ。分かるだろ。会社を残すためには言われた（人員削減の）目標人数を達成するしかない。あえてああいう態度で臨まないと……正直辛かったよ」

この方はその後、がんを患って六〇歳そこそこで早逝されている。亡くなる直前にお会いしてお話を聞いたときのお顔は、とても穏やかな、柔和なものになっていた。
人員整理は、切られるほうも辛いが、切るほうも辛いのだ——。

丸の内老朽ビルからのスタート

同じころ、実家近くのつかしん店が業態転換し高槻店の分店となることが発表された。当時、私は高槻店内の労働組合支部役員を務めていたため、大幅な人員削減に伴う別業種への転進支援という、辛い仕事を経験した。組合の専従にならないかという誘いは以前からあったが、「やってみようか」と思ったのはこのときの経験があったからかもしれない。

二〇〇三年六月、私的グループ整理、法的統合整理で債権を放棄してもらった西武百貨店とそごうは「ミレニアムリテイリング」の下で経営統合し、再出発することとなった。

ひとつのグループになったと言っても、店舗自体は以前の「そごう」「西武」のままだから、お客さまから見て大きな変化があったわけではない。そごうではすでに、西武のPOSシステムや商品企画を共有し、それをオペレートする人事交流などが進んでいた。

二〇〇五年九月、そごうの「創業の地」大阪・心斎橋に、そごう心斎橋本店が開業した。

かつてこの地にはそごう大阪本店が建ち、心斎橋のシンボルとして二〇〇〇年まで約七〇年にわたって営業を続けたが、閉店後は建物を取り壊し、土地を売却する予定だった。しかし和田氏の決断でこの同じ場所に新店舗をつくることを決め、五年のブランクを経て竣工したのだ。

それまでリストラや閉店の決断を重ねていた和田氏の、はじめての「攻めの一手」だった。そごう社員にとって、長年続いたシンボル店の復活は今後に明るい希望を抱かせたに違いない。

この年一〇月、私は高槻店を離れ、組合の専従となって東京へ向かった。

会社を休職し、内示をもらう際、応接室で店長から「本社は店舗で片手間じゃやっているおままごとではないぞ、心してやれ」と言われたことを覚えている。

当時、ミレニアムリテイリングの本社は丸の内・ＪＦＥビルディングの一二階にあり、組合事務所も同じビルの三階に入居していた。日比谷通りに面し、皇居のお堀のすぐ脇、パレスホテル東京にも隣接する正真正銘の一等地である。

法的整理・私的整理によっていったん倒産したそごう・西武の本部がなぜこんな場所にいられたのかについては理由があって、実はこのビルは、老朽《ろうきゅう》化のため二〇〇九年には取り壊すことが決まっていたのだ。三年後に退出することが決まっているという条件のため、破格の家賃で借りることができたらしい。

社会人一三年目、はじめてとなる東京勤務の職場は、この丸の内の老朽ビルだった。周辺には大銀行の本店や新聞社の本社が建ち並び、その後の選挙で中央執行委員になったとはいえ、一介の労働組合職員の私にはとてつもなく場違いに感じられた。

そごうと西武は二〇〇三年に経営統合したが、それに伴って両社の労働組合も二〇〇五年一月に統合し、そごうと西武の出身者が同数になる形で活動していた。当時の中央執行委員は旧そごう出身者が七名、旧西武百貨店から七名という構成で、三五歳の私は年齢的にも立場としてももっとも下だった。

百貨店の労組は、伝統的に労使協調路線と言われている。

中央執行部のメンバーは労組専従だが、各店舗にはそれぞれ支部が置かれ、支部の委員長、書記長などがいる。この方たちは原則、専従ではなく、それぞれの店で働きながら組合活動に携わっている。

委員長以外の執行委員はそれぞれ担当の支部（店舗）を持ち、支部委員長と連絡をとり合いながら活動する。もちろん、実際に店舗にも足を運び、密接に情報交換し組合員の要望を吸い上げるように努めている。

ミレニアムリテイリングに残された旧そごう、旧西武の店舗のうち、池袋西武が圧倒的な巨艦店である。百貨店として日本第三位の売り上げを誇り、年間の来店者数は約七〇〇〇万人と、百貨店としては世界一の集客力がある。中央執行部にも、もちろん池袋西武出身の委員はいたが、私自身としては、もう少し池袋以外の、地方の店舗の苦労を知ってもらいたいと思っていた。

私が組合に入った二〇〇五年当時は、旧そごうと旧西武の労働条件を合わせることが組合としてのもっとも大きな仕事で、中央執行部の専従として在籍した三年間は、そればかりやっていたと言ってもいいくらいだ。両社で微妙に違っていた細かい労働条件を一つひとつ調整していった。

給与体系を統一するまでの期間は、隣の机で同じ役職、同じ仕事をしていても微妙に賃金が違うという事態が発生する。組合にとっては耳の痛い話だった。

個々の組合員にとって不利益変更にならないよう、常に高位平準化（労働水準が異なる場合は条件の高いほうに合わせる）を目指して会社と交渉・調整していた。また、少しでもやりがい・働きがいを得られるよう、業界トップ水準を目指すというポリシーラインを決めて、目指すビジョンを明確化した。

合併といっても百貨店という同じ業態の会社同士なので、働き方については互いに通じるところがあった。同時に労組内部でも、これからどうやって利益を出していくのか、どう企業価値を高めていくかを真剣に話し合っていた。

「幸せな嫁入り」の結末

東京の労働組合勤務となった二〇〇五年のクリスマス、自宅で何気なくテレビを見ているとニュース速報が流れた。

〈**コンビニ大手のセブン&アイとそごう、西武を運営するミレニアムリテイリングが経営統合することになりました……**〉

文字通り寝耳に水の一報で、大慌てで書記長に電話連絡した。ミレニアムリテイリングは当時、単独で株式上場を目指すとしていて、社員持ち株会もスタートしていたタイミングだったので、身売りは想像もしていなかったのだ。あとで聞くと、当時の委員長は内々に知らされていたようだ。

報道を受け、堀内幸夫会長から組合執行部に対し統合の狙い、意味について説明する機会が設けられた。

そごう・西武を牽引してきた和田氏は、セブン&アイの鈴木敏文氏にバトンを渡す形で翌年五月に退任した。

「幸せな嫁入り」に見えた組み合わせは一七年後に悲劇を迎えるのだが、このときにはそんなことは想像もしていなかった。まして、自分がその最初と最後を組合の役員として迎えることになるとは想像もしなかった。

またこのとき、同時にひとつ大きな決定もされている。前年二〇〇五年九月に和田氏肝いりで開業したばかりのそごう心斎橋本店を三年後に再度閉店し、隣接する大丸に売却することにしたのだ。開業してから一年足らずでの決断だった。

閉店は心斎橋本店だけではなかった。

札幌駅から離れた立地で、苦戦が伝えられていた札幌西武も二〇〇九年九月末で閉店することが決まった。

この札幌店の土地は、その後ヨドバシホールディングスが取得し再開発を行うことになる。

親会社がセブン&アイに変わり、労働条件の調整も一段落ついて、私は二〇〇八年秋に職場復帰することになった。

慣例では、一度中央執行委員を経験すれば「再登板」はまずないし、私自身、もう二度と労働組合に戻るつもりはなかった。中央執行委員勤めは雇用を守り会社を良くするという意味で責任が重く、重要なポジションだし、同じ人間が二度、三度と経験するよりできるだけ多くの人にその仕事を経験してもらいたいという思いが強かった。

この当時は船橋に住んでいたため、労組を「卒業」したあとの勤務先は船橋店あたりかなどと想像していたが、内示されたのは池袋本店だった。

前述のように、そごう・西武の店舗のなかでも池袋は「別格」と言っていい巨大店舗だ。エルメスやグッチなど有名ブランドが並び、その来店客数、売り上げも国内有数。この巨大な池袋本店があるからこそ、取引先は西武百貨店との関係を重視してくれ、その結果、地方店でも品揃えを確保できる。

単独でももちろん重要な存在だが、それ以上に、そごう・西武グループ全店を引っ張る文字通り母艦のような存在である。地方店しか知らず、つい先日まで組合専従者だった私のような者がすぐに務まる職場とは思っていなかった。池袋本店はちょうどリニューアル工事中で、終了後は「即戦力」が求められると予想していたのだ。

意外な人事だったが、泣き言は言っていられない。

しかも配属先として提示されたのは、婦人服のヤングキャラクター商品を扱う「アップルシティ」だった。

アップルシティは北ゾーン地下一階、一階の二フロアを占め、西武池袋の「顔」とも言える売り場である。当時はまだルイ・ヴィトンの出店前で、アップルシティが北側一階の広い面積を占めていた。

特に若い女性からの圧倒的な支持があり、連日多数のお客さまに立ち寄っていただいた。人気、集客力では伊勢丹新宿店の「シンデレラシティ」と双璧だったと思う。売上額はピークの時期からやや落ちてきていたとはいえ、それでも私が担当になってから最初についた予算は年間五〇億円ほどで、アップルシティに入居する各ブランドは、この売り場で全国一の売り上げを挙げているというところがかなりあった。

出店すれば売り上げを見込める売り場ということで、新規ブランドの導入も多かった。モコモコとしたルームウェアで大人気のジェラートピケは二〇〇八年にスタートしたブランドだが、その出発点となった店舗も私が担当したものである。毎日のように営業担当者が顔を出し、

「どうですか、売れてますか？」

と売り場の状況を聞きに来る。関西にいたときは取引先の展示会に行っても商談すらままならなかったのに、売り場のポテンシャルのあまりの違いに圧倒され、一日一日過ぎ去るのが本当に早かった。

リミテッドエディションの悲劇

職場復帰した翌年の二〇〇九年、ある新事業がスタートする。

田山淳朗、島田順子、髙田賢三、カール・ラガーフェルド、ジャン＝ポール・ゴルチエなど有名デザイナーを次々起用したそごう・西武の企画商品「リミテッドエディション」シリーズである。自ら商品を企画し、生地をグループで共通化することなどによって価格を抑えたプライベートブランド（ＰＢ）だった。

一流デザイナーの服をより身近に──この試みは当初こそ苦戦したものの徐々に地力をつけ、お客さまの支持を集めはじめた。特にゴルチエの商品は価格訴求力があり、立ち上げ当初は驚くほど売れた。

百貨店の店員自身が商品の企画・開発に参加できるとあって、その点に憧れを持って採用試験を受けに来る学生も多かったし、自分たちで企画した商品を自分たちで売るという仕事に希望を持っていた。

百貨店にユニクロ、ニトリのようなＳＰＡ（製造小売業）の発想を持ち込んだＰＢ商品は他社との差別化や収益力改善の目的で拡大を続けた。

当初はアパレルブランドだけで展開していたが、婦人雑貨、インテリアなどの領域でもリミテッドエディションシリーズが企画、製造された。

当初はそごう・西武の店舗だけでの販売だったが、セブン＆アイＨＤの鈴木会長の指示でイトーヨーカドーの大型店内などにつくったそごう・西武のサテライト店舗（仙台泉、上尾、鷲宮、葛西、拝島、立場、橋本、大和鶴間、上田、松本、柏、武蔵小杉、三島の各店）でも販売するようになり、さらにはイトーヨーカドーの店頭にもリミテッドエディションシリーズを並べるようになった。

しかし、このあたりから発注ロット数が増え、在庫過多が目立ちはじめた。原価が下がるという意味では良いのだが、在庫が売れ残り、値下げをして原価割れとなれば本末転倒である。イトーヨーカドー内の小型サテライト店舗ではデパートのような値付けは難しく、ずっと「〇割引」の表示を出したまま、年中セールのような状態になった。

さらに、リミテッドエディション名でブランドの種類を多くつくりすぎてしまったため、ブランドごとの差別化が難しくなり、同じような雰囲気のリミテッドエディションがあちこちに置かれて、互いに食い合うような非効率も目立ちはじめた。

私は婦人服ヤングからミセス売り場の「ゾーン店長」に配置替えとなり、メンバーと一緒に売り場展開を考える立場になっていた。

自社で立ち上げたブランドを自社で売るプライベートブランドの成否は会社の利益に直結する。そのため、社内でも厳しく数字を求められた。本部から様々な調整を指示され、それを現場に伝えると、どうしても軋轢《あつれき》が起こる。私は両者の間に入って右往左往することになった。

リミテッドエディションシリーズは悪戦苦闘の末、九年後の二〇一八年二月に「店じまい」することになった。報道によると累計で数十億円の赤字を計上したという。この決定は、とくに婦人服売り場の社員にとって大きな衝撃だった。イトーヨーカドーなどのそごう・西武サテライト店舗も二〇一七年に一気に一〇店舗もの営業を終了していた。

とくに辛かったのが、店頭や倉庫にある大量の在庫をすべて廃棄したことである。経営陣は、「在庫を廃棄しないと、会計上損失処理できない。在庫で持っているわけにはいかない」と主張した。そのため、信じがたいほどの量の在庫を、期末までにすべて処分するという。

池袋本店のバックヤードには、リミテッドエディションの商品が文字通り山積みになっていた。在庫はそれぞれのブランドごとに与えられたスペースで、ラックにかけられている。時には隣のブランドのスペースまで侵食し、溢れたパッキンが山積みになっていた。倉庫内に入ると右を見ても左を見てもリミテッドエディションだった。

それをすべて、廃棄したのである。

二メートル四方くらいの大きなカゴ台車に、在庫をぎゅうぎゅうに押し込んで、検品所に持ち込みパッカー車（ごみ収集車）に詰め込む。

大きなコンテナ台車が、何台も何台も倉庫から運び出されていった。

昨日まで自分たちが企画し、製造し、販売していた商品が次々廃棄され　焼却されていく。その光景を、涙を流しながら見ていた社員もいた。この年の組合中央大会で発言した池袋本店の代議員は経営陣に対し、

「当社には商品が好きで、商品に愛着を持って働いているメンバーが多くいます。モノを好きな人がモノを捨てるという行為は、本当に屈辱的で悔しい気持ちです」

と痛切に訴えていた。

委託販売の商品であれば売れ残りの在庫はそれぞれの取引先さまが引き取っていくことになるが、こうした自社企画商品の場合は自社で処理するしかない。

震災で困っている方や途上国にお送りしたり、子ども靴であればいままでもアフリカのザンビアに寄付するケースもあるが、会社側は「本意ではないが、会計上、廃棄して全商品を抹消するほかない」と主張していた。

廃棄が終わったあとの、がらんとした倉庫を目にしたときの虚しさは忘れられない。リミテッドエディションのために採用された契約社員の方たちも多数いたし、その雇用が今後、どうなっていくのかということに対する不安もあった。

二〇〇九年に西武札幌店が閉店したあとも、「閉店ドミノ」は続いていた。

二〇一〇年には和田繁明氏が再生に尽力してきた西武有楽町店が閉店。

二〇一二年にはそごう八王子店、二〇一三年には西武沼津店、そごう呉店が閉店した。西武春日部店も二〇一六年二月に、同年九月には西武旭川店とそごう柏店が閉店することが決まった。

私はこの間、池袋本店で婦人服のナショナル・ブランドのバイヤーや、販売部の課長（ゾーン店長）、ルイ・ヴィトンなど高級ブランドを扱う婦人特選部の企画担当などとして働いていたが、「もう一度組合をやらないか」という打診は何度か受けていた。以前、組合で机を並べていたそごう出身で私の同世代だった中央執行委員がその後、委員長になって、自分の後任として私を候補に挙げていたのだ。

「仕事ぶりをずっと横で見ていて、この人なら任せられると思った」

本音かどうか分からないがそう誘ってくれていた。実は、この前年にも組合に戻らないかという誘いをいただき、そのときは断っていた。別の先輩からのお誘いにも同様に答えている。

前回組合執行委員を外れたときは、もう二度とやることはないと心に決めていた。前年声をかけられたときはまったく受ける気はなかったが、二年も続けて声をかけてくるのはよほどの理由もあるのだろう、と少しずつ気持ちは変化してきていた。

会社の先行きに対する不安もあった。

親会社がセブン＆アイに変わっても相変わらず閉店が続いていた。リミテッドエディションのような、今後も百貨店として生き残っていくために有効な「武器」になりうるものが、大量在庫によって陳腐化してしまう一連のプロセスを現場で見てきて、本部の経営戦略に対する違和感を持っていた。

私だけでなく、池袋本店のような営業力がある店舗に勤める社員の多くが同じように感じていたと思う。

東京で勤務するようになって一〇年以上が経っていたが、この間に私生活では二〇一四年に娘が生まれていた。共働きだから、朝は娘をママチャリで保育園に預け、そのまま出社する毎日が始まっていた。

入社二〇年を超え、四十代中盤になっていた。このタイミング、この年齢で組合に復帰するということは、数年後に中央執行委員長になる覚悟が前提になる。

当時の池袋本店の店長には、事前に打診を受けていることを伝え、「自分で決めろ」という、ごく当たり前で真っ当な返事をもらっていた。

いつも自分なりに結論を決めていて、妻にはとくに相談はしていない。

「いろいろ悩んだけど組合に戻ろうと思う」

「分かった。あなたがやりたいなら、やればいいんじゃない」

委員長になると、法人登記簿に自宅の住所が載ることになり、新聞やテレビの記者が取材に来ることもあるようだ。場合によっては家族には迷惑をかけることになるが、これも自分に与えられた役割かもしれない。「自分で決めろ」と言っていた店長の、

「求められて仕事ができることほど幸せなことはない。そんな人物が自分の部下にいたってことを誇りに思う。頑張ってこい」

という言葉で、気持ちが吹っ切れた。

二〇一六年一〇月そごう・西武労働組合第一三期定期中央大会で、私は中央執行副委員長に選出された。

ちょうどその直前、親会社のセブン&アイHDでも大きな動きがあった。

八三歳になっていたカリスマ・鈴木敏文氏が、実績に乏しい次男を要職に据えたことなど

から社内の反発を招き、イトーヨーカ堂を創業した伊藤家と対立した。鈴木氏はセブン－イレブン・ジャパン社長の井阪隆一氏を解任しようとしたが、取締役会の承認を得られず、逆に自分が退任に追い込まれた。

会社法の権威として知られる伊藤邦雄・一橋大学大学院特任教授、米村敏朗・元警視総監ら社外取締役が伊藤家側につき、井阪氏を支持したことで、社内の勢力図が一変した。

そして、この井阪氏が主導する改革が、そごう・西武にも大きな渦を巻き起こすことになる。

第2章 組合委員長

筆者を新委員長とするそごう・西武労働組合第15期中央執行部は
2018年10月にスタートした

一〇〇日プランと井阪改革

「彼が創り出した新しいものはない」――鈴木敏文氏は、井阪隆一氏の経営手腕に否定的だったという。しかし、セブン&アイの株主に連なる投資ファンドや、創業家の伊藤家が井阪氏を支持し、鈴木氏は経営の第一線から去った。

就任から三ヵ月半をかけて、井阪氏は「一〇〇日プラン」と称する経営戦略を練り上げ、二〇一六年一〇月六日に発表する。

日米のコンビニ事業に注力することで三年後に営業利益四五〇〇億円、自己資本利益率(ROE)一〇パーセントを目指し、課題のイトーヨーカドーは四〇店を閉店、衣料・住居関連商品を縮小し食品スーパーにシフトしていくとしている。

そごう・西武についても大きな発表があった。

阪急阪神百貨店を擁するエイチ・ツー・オーリテイリングと資本業務提携することで合意し、そごう神戸店、西武高槻店、そごう西神《せいしん》店の三店舗をエイチ・ツー・オーに営業譲渡するという。

これによってそごう・西武は事実上関西から撤退することになる。西武を創業した堤家の出身地である滋賀県の大津店は残っていたが、井阪社長は首都圏への選択と集中を宣言しており、いずれ閉店することになる可能性が高かった。

　大阪で創業したそごうにとって、三ノ宮駅前の好立地にある神戸店は文字通りの主力店舗で、精神的支柱でもあった。とくに心斎橋本店が閉店したあとは、関西のそごう・西武で唯一百貨店らしい百貨店で、長く市民からも親しまれていた。

　その店を譲渡してしまうというのだから、兵庫県出身の私にとって度肝を抜かれるような衝撃だった。神戸に住んでいたこともあるからなおさらだ。

　神戸店は一九九五年の阪神・淡路大震災で建物が半壊する大被害を受け、一年三ヵ月後にようやく全館で営業を再開し、その日は歩道橋を埋め尽くす長い行列ができた。一方、被害が比較的軽微だった西神店は、震災の翌日には営業を再開し、食料品や衣料品などを販売して神戸市民の生活を支えた。

　私は神戸市営地下鉄に乗り、ＳＯＧＯのネオンサインを見ながら高槻店に通勤していたし、そごうは復興を目指す神戸のシンボルのひとつだという話を耳にしたことがある。

　しかし二〇〇〇年代に入ると元町駅前にある大丸が品揃えの良さで人気を集めるようになり、そごう神戸店は売り上げで抜かれた。大丸との差は徐々に開いていたが、そごう・西武の松本隆《まつもとりゅう》社長は神戸店の改装プランを練り、巻き返しを図っていた。

老朽化した建物を建て直し、全館改装する計画で、三ノ宮駅前という好立地を活かせば大丸と肩を並べる一〇〇〇億円程度の売り上げを挙げることも可能だと目論んでいたのだ。その案はセブン&アイの戦略会議で答申され、改装の期間中は西神店に人員を再配置し、売り上げを維持するシミュレーションまで行っていた。

それが一転、店ごと譲渡するという百八十度の方針転換である。

井阪氏はこの「一〇〇日プラン」を公表したその日に、神戸店の改装案を練っていた松本隆社長を事実上解任した。鈴木敏文会長の信頼が厚かった松本氏の退任とともに、神戸店の改装案も封印され、葬られた。

三店舗の譲渡金額は公表されていないが、ほとんど利益は出なかったとも聞いている。そごう社員にとって精神的支柱であった店を簡単に売ってしまったことに、強い憤りがあった。阪急阪神のポイントサービス「Sポイント」を関西二府四県のセブン‐イレブンで使えるようにし、相互送客によるシナジーが期待できるという発表があったが、その程度のメリットでは到底納得がいかない(その後結局二〇二二年六月にサービス終了した)。

それまでもずっと、「閉店スパイラル」が続いていたということもあった。閉店する際、経営陣はいつも「赤字店舗だから」と説明していたが、今回の三店舗のうち、神戸も高槻も店単体で見ると黒字を計上している。

労組内部での危機感は強かった。

「黒字でもダメ、赤字でもダメっていうことですか……」

「このままだと結局バラバラに切り売りされて終わっちゃいますね」

「閉店の連鎖を止めるにはそれぞれの店が数値目標をクリアしていかないと。この先はそれぞれの店が自主自立できるように運営するしかないですね」

執行部内では連日、議論を続けていた。関西での旗艦店神戸店がなくなれば、西神店はもちろん、神戸と関係の深かった徳島店も苦しくなる。大津店も同様だ。商品を入れてくる取引先は、各地域の販社ごとにトータルで見ているから、残った店だけに納品するメリットはかなり減ってしまう。

そごう・西武の買収を決めたのは前任の鈴木敏文会長で、井阪氏にとってはグループの足を引っ張るお荷物でしかないのかもしれない。だとしたらこの先、どうなるか分からない
――そんな不安感が、労組内部を覆っていた。

「この店は髙島屋、ここは伊勢丹、ここは阪急と各店舗ごとにバラバラに切り売りされて、気づいたらそごう・西武自体がなくなっているということだけは避けたいね」

「いいように使われるくらいだったら、とっとと会社ごとどこかに売られたほうがましなのかもしれない」

そう口にする仲間もいた。

松本氏の後任の社長には、セブンカルチャーネットワーク社長に転じていた林拓二《はやしたくじ》氏が選ばれた。林氏は以前、西武（十合西武統合商品部）の商品統括部長を務めていた時代にセブン－イレブン・ジャパンの商品部長だった井阪氏とグループの同じ分科会に属し、面識があったという。

しかし、林氏は、社長就任の内示と同時に「三店舗の営業譲渡、関西からの事実上の撤退」を告げられ、椅子から転げ落ちるほど驚いたと労使協議の場で自ら明かしている。井阪氏からは事前の相談どころか、何も知らされていなかったのだ。

セブン&アイの決定に、中央執行部も緊迫した。

神戸店、西神店、高槻店三店の社員約六〇〇名が阪急阪神に転籍するという前例のない事態になったのである。

会社側は、全社員を対象とする説明会を行っていた。組合としても、説明会に同席し相談窓口となると告知した。

いままでライバル視していた阪急百貨店の社員になるということだから、戸惑わないほうが不思議だ。そごう・西武と阪急阪神では労働条件も違うし、人事制度、システムも違う。なかにはご夫妻でそごう・西武の社員だったのに、夫が阪急に移り、妻がそごう・西武に残るという方もいた。

一時金を含む給与水準だけで言うと、そごう・西武よりも阪急阪神百貨店のほうが高かったし、関西では阪急百貨店のブランド力はピカイチなので、「阪急に行けて良かった」と感じる人もいたと思う。しかし、ベテラン社員になればなるほど、「阪急に移っても、自分たちは早晩切られるのではないか」という不安が強かった。

影響は関西三店舗の社員だけではない。

そごうは関西出身の社員が多いし、西武にも関西出身の社員がいる。全国勤務の総合職の社員は自分の「本拠地」の店舗をひとつ設定し、登録することになっているが、神戸、西神、高槻の三店舗を「本拠地」としながらほかの店舗で働いている社員にも、動揺が広がった。将来は関西に戻って働きたいと思っていたのに、その店舗がなくなってしまうのだ。情報が行き渡らない恐れもあり、それをフォローする意味で個別に面談を行っていった。

「これで戻るところがなくなってしまった」

「実家が大阪にあって、いつか戻って親の介護をしたいと思っていたけど、もう会社を辞めるしかないのか」

といった声を数多く聞いた。

私自身も例外ではない。本拠地を神戸店から池袋店に変更するという決断をするしかなかった。兵庫に住む両親が将来、介護が必要な状態になったときはどうしようということは頭をよぎったが、関西に働き場がなくなってしまった以上、もう戻る道はない。

三店舗の労働組合をどうするのかということも重要なテーマだった。

三店舗は、厳密には阪急阪神百貨店ではなく、エイチ・ツー・オーアセットマネジメントという不動産管理会社へ事業が承継されるため転出先に労働組合がなかったのだ。新組織を設立するとなると、それはそれで大仕事となる。専従者の派遣も必要だろう。

様々な案を検討したが、結果的に譲渡される店舗の労組組織はエイチ・ツー・オーリテイリンググループ労連・阪急阪神百貨店労働組合の支部として受け入れてもらうことができ、移籍する社員にも大きな安心材料となった。当時の中村裕二執行委員長の英断に感謝しかない。実はこのとき、実務的な橋渡し役としてコミュニケーションをとっていたのは宮本護副委員長だった。宮本氏はその後阪急阪神労組委員長になり、二〇二三年八月のストライキの際大きなご支援をいただくこととなる。

「これからは選択と集中です」

その後の経緯に触れておくと、一年後の二〇一七年一〇月、そごう神戸店、西武高槻店が正式にエイチ・ツー・オーリテイリングに譲渡され、二年後の二〇一九年一〇月に神戸阪急、高槻阪急となることが決まった。

西神店は家主が賃料の減額に応じたことなどからひとまずそごう・西武にとどまることになったが、旗艦店の神戸店がない以上単独での生き残りは難しく、結局二〇二〇年八月に閉店している。

会社を移籍する社員の身分や、労働条件など、「一〇〇日プラン」公表後から始まった労使協議は、翌年の五月ころまで続いた。

それに伴って、それまで不定期だったセブン＆アイＨＤとセブン＆アイグループ労働組合連合会の労使協議をいわゆる春闘のタイミングでの定例にするよう申し入れた。

セブン＆アイグループ労働組合連合会を構成しているのはそごう・西武労働組合のほか、イトーヨーカドー労組、ヨークベニマル労組、赤ちゃん本舗労組、ロフト労組、セブン＆アイ・フードシステムズ労組、ヨークマート労組（当時）、シェルガーデン労組など、セブン＆アイＨＤ傘下の各企業の労組である。

実はセブン＆アイ中核企業のセブン‐イレブン・ジャパンには企業内労働組合がない。「コンビニ加盟店ユニオン」に加盟するセブン‐イレブン各店舗の経営者はセブン＆アイと雇用関係にはなく、セブン＆アイ労連には加わっていない。

そのため、セブン‐イレブン・ジャパンの社長からセブン＆アイの社長になった井阪氏は、これまで一度も労働組合と向き合った経験がなかった。われわれとしては労働組合について少しでも理解を深めてもらいたいという気持ちがあった。

二〇一七年二月、東京・四谷のセブン＆アイHD本社で、事業承継発表後、労連幹部が井阪社長とのはじめての労使協議に臨んだ。

JR四ツ谷駅から新宿通りを東へ進むと、徳川家康の江戸入城の際に創建された心法寺《しんぽうじ》とその墓域がある。千代田区内で唯一墓所を併置する寺院で、四谷から麴町へと向かう道沿いに広がる墓と寺域は、都心の喧騒から取り残された静けさがある。

その心法寺の墓域の向こう側に、一二階建てのセブン＆アイ・ホールディングスの本社ビルがそびえる。

そごう・西武の本社と組合事務所は、このセブン＆アイ本社から番町中央通りを挟んではす向かいにある二番町センタービルの八階、七階に入居していた。本社は八階、組合事務所は七階である。シェルガーデンやロフトなど以前子会社だった会社もこのビルに同居していた（のちに移転）。

そごう・西武経営陣は折に触れセブン&アイの経営陣に呼ばれ、はす向かいのセブン&アイ本社ビルに出向いた。その距離感が、両社の関係を象徴しているように私には感じられていた。その後そごう・西武の本社と労働組合事務所はともに西武池袋本店の書籍館に移ることになるが、このときはまだセブン&アイの「お膝元」にいた。

経営陣は井阪社長のほか、後藤克弘副社長、イトーヨーカ堂創業家出身の伊藤順朗取締役らが顔を揃え、労連会長兼イトーヨーカドー労組委員長のほか事務局長らが、テーブルを挟んで向き合った。そごう・西武労組の副委員長は、現場の実情を強く訴えている。

「井阪社長、昨年の関西撤退、三店舗譲渡という決定で、現場は大変なことになっています」

「これからは選択と集中です。限られた経営資源を有効に活用していかなければいけません。店舗譲渡は残念ですが、ご理解いただきたい」

二〇〇九年に札幌西武、二〇一〇年に有楽町西武という大型店が閉店したあとも、全国で毎年のように閉店が続いていた。

二〇一一年二月　**そごう八王子店**の閉店を決定→二〇一二年一月閉店

二〇一二年六月　**そごう呉店、西武沼津店**の閉店を決定→二〇一三年一月閉店

二〇一五年一〇月　**西武春日部店**の閉店を決定→二〇一六年二月閉店
二〇一六年三月　**そごう柏店、西武旭川店**の閉店を決定→二〇一六年九月閉店
二〇一六年八月　**西武筑波店、西武八尾店**の閉店を決定→二〇一七年二月閉店
二〇一六年一〇月　**そごう神戸店、そごう西神店、西武高槻店**の営業譲渡を発表（一〇〇日プラン）

井阪社長は「選択と集中」というが、現実には神戸や高槻のように黒字の優良店はほかの事業者に譲渡し、買い手のつかない店舗は閉鎖していて、今後そごう・西武という会社をどうしたいと考えているのか、社員には不安が募っていた。

われわれ労組中央執行部は、「営業終了」の申し入れが届くたびに該当店舗で働く支部役員、組合員と継続的に話し合い、労使協議を行い最終的な回答を行ってきた。旭川や、小田原、筑波のような店舗では従業員も地元に住む方がほとんどで、転属よりも退職を選ぶ方が多い。そのたびにやりきれない思いが残った。

店舗閉鎖に伴う経営側との労使協議で、組合からの最終回答をする際には、各店舗の労組代表である支部委員長にも参加していただいた。「二度と（店舗閉鎖という）このような経営判断を繰り返さないでほしいと思います」と経営陣に訴える姿を何度も目にしたが、残念

ながら、その後も閉店が止まることはなかった。

「一〇〇日プラン」で三店舗の譲渡を発表したあとも、二〇一七年八月に西武船橋店、西武小田原店を二〇一八年二月に閉店すると決定していた。わずか七年の間に、全国で一〇店もの店舗が閉店、二店を営業譲渡し、残るはそごう七店、西武八店の一五店になっていた。最盛期、そごうは国内だけで二九、西武百貨店も二五の店舗があったが、そごうは四分の一、西武は三分の一に店舗数を減らした。

二〇一八年二月には前述した「リミテッドエディション」撤退の決定があり、現場の従業員は、涙を流しながら大量の商品を処分した。

「中継ぎ」の委員長

二〇一八年一〇月四日、そごう・西武労働組合は東京・麴町のホテル「東京グリーンパレス」地下一階の会議室で定期中央大会を開き、第一五期の中央執行委員役員選挙を行った。私は中央執行部の委員長に選出され、副委員長の坂本武史が続投、書記長だった割石健介が新たに副委員長となった。

坂本は二〇〇〇年入社で私の七期下、割石は二〇〇三年で一〇期下ということになる。寺岡－坂本－割石という体制がスタートした。前任の川﨑裕司委員長は一八年にわたって労組の専従を務めてきたが退任し、現場に戻った。

坂本は学生時代アメフトで鍛えたスポーツマンで、労使協議でも、社長に対して真正面から「社員に謝ってください」と迫れるような、情熱的な、真っ直ぐな一面を持っている。

割石は基本的に陽気で外向的。考え込むとなかなか結論を出せなくなるのが玉に瑕だが、大学では法学部で、論理的に考える一面も持っている。経営問題を分析し、会社に対して総論を主張する役割を担ってもらうことにした。

坂本、割石の二人とも食品部門出身で、坂本は食品の職場の制服がダサい、帽子が蒸れるといった職場環境を変えたいという身近な理由で、割石は百貨店の中でも長時間労働になりがちな食品売り場の環境を改善し、より魅力的な職場にしたいということで組合活動に引き込まれた。食品部門は年末年始などすさまじい数のお客さまに対応したり、大量の商品を短時間にさばくなど、修羅場には強い。これまで労組で経験を積んできている点も共通していて、会社側の論理もある程度理解し、そのうえで社員の主張をぶつけることができる。

また、八名の執行委員のメンバーとして、宮川拓也、後藤健史も信任された。宮川は二〇〇九年、後藤は二〇〇七年入社で、三十代前半の若手である。

後藤は外商セールス出身で、今回がはじめての中央執行部入りだった。大手企業の経営者を担当するなど、そごう・西武全体でも上位に入るような超一流のセールスマンだけあって、顧客の嗜好を感じ取るのがうまく、その信頼を得て関係を築くことにかけてはプロ中のプロと言っていい。労組のオルグ活動では抜群の能力を発揮した。

ただ、いざ経営陣と対峙するとき、やや気を遣ってしまうというか、相手の意見を聞きすぎて、同調してしまうところがある。時にはハッタリも必要で、その点が一皮剝《む》ければと感じていた。

最若手の宮川も、副委員長の二人同様に食品部門出身。執行部一のイケメンで、ここ一番での発言も男前だ。唎酒《きき》師の資格も取得しており、とにかくセンスがいい。自分の意見をビシッと言える度胸もある。職場集会など彼から話が聞きたいと組合員から言われることもあり、同じ食品部門出身の坂本、割石から焼き餅を焼かれるほどだ。

ただ、頭が切れる分バランスをとろうとしすぎる面があり、良くも悪くも弱みを見せない。もう少し経験を積んで、あえて隙を見せるようなことができるようになれば彼も一皮剝けるだろう。

書記長には私と同期入社で気心の知れた山村玲児に入ってもらった。店舗は違ったが同じ時代を過ごしてきた本音を語り合えるメンバーだ。

労組のいわゆる「三役」（委員長、副委員長、書記長）に女性がいない点は残念だったが、私にとって非常に頼りになるメンバーが集まってくれた。

委員長に信任され、私はこのように挨拶している。

「中央執行部の新体制においては若い世代のメンバーも加わりましたので、この若さを武器に新たな発想・視点で現場で起きている問題を収拾し、解決をするために一生懸命に汗をかき、乗り越えていきたいと思っています。

第一五期は『夢のある将来を描くために行動しよう』というスローガンを掲げました。私たちを取り巻く環境、会社の業績が苦しいときだからこそ『夢』を持ち、前向きに行動していくことが必要だと考えています。また、今後はいままで以上に働く仲間同士が話し合える場面を積極的につくっていきたいと考えています。ぜひ、組合員の皆さまには、どんどん現場の思いを上げていただきたい。皆さまの声は、組合中央・支部における会社との話し合いの場面でしっかりと伝えていきます」

この日は来賓としてそごう・西武の林拓二社長も出席し、挨拶した。

「当社の経営状況を振り返ると、社員の皆さんの奮闘にもかかわらず、二〇一八年上期が赤字に陥るという大変残念な結果となりました。業績は体質の結果であると考えれば、自ら考えて行動する習慣やコミュニケーション力、お客さまを起点に仮説を検証する力、利益に対する意識が当社には不足している状態だと言えます。下期は、私も含め、一人ひとりが目標達成に向けて、仕事の仕方やコミュニケーションのとり方を変え、当社としてのＰＤＣＡサイクルを確立していきたいと考えています」

林社長は西武百貨店の出身で、東戸塚店の店長を経験したあと、本部での勤務を経て、そごう神戸店店長を務めた。

堤時代の西武百貨店が利益に対する意識が薄かったことは前述したが、林社長はそれから二〇年以上が経ってもまだ利益に対する意識が不足していると言う。親会社のセブン＆アイからかなり厳しく「結果」を求められていることを窺わせた。

私自身は「中継ぎ」の委員長のつもりでいた。坂本、割石という経験豊富な副委員長がいるので、彼らにバトンタッチするまで二〜三年の間委員長をやって、また現場に戻ろう――そう思っていた。

年が開けて二〇一九年一月、この年の春闘に臨む準備として、中央執行部のメンバーおよび各店舗の労組支部幹部を東京に招いて、一泊二日の合宿をした。

中央執行部と支部幹部の合宿は例年、一月と七月ころに行っている。各店舗の支部役員とじっくり話し込める貴重な機会である。東京・品川の品川プリンスホテルに部屋をとり、駅前の貸し会議室を借りて、今後の会社の行く末や組合活動について腹を割って語り合った。

この合宿での会議には、これまで社長や常務ら、経営側にも来てもらって経営方針を説明してもらったこともある。

夜は多少のアルコールも入って、本音トークになった。

「いつまで閉店が続くのだろう……。もういい加減終わりにしたいよね」

「自分たちの店は自分たちで守ろう」

「そうですね。本当に、閉店はこれで最後にしたい」

多少のグチは出ても、みんな百貨店が好き、店が好きで、そごう・西武に愛着があり百貨店の仕事に誇りを持つ仲間たちである。法人外商ビジネスも同様だ。むしろより直接的に百貨店の「のれん」の力が影響する。

百貨店事業は、商品が同じでも、誰が、どのように売り場を編集し顧客に提案できるかで売れ行きが大きく変わる。その意味で「人間産業」という側面がある。経営方針はもちろん重要だが、それ以前に、組合員一人ひとりが目の前の仕事に全力で取り組むことで利益につなげ、店を残したいという共通認識があった。

そのためにみんなで考え、みんなで行動しようと話していた。

一泊二日の合宿で、私は支部役員にこう話した。

「私自身、そごう・西武という会社はとても好きだし、愛着もあります。

ただ、私の娘は四歳ですが、もしいま、『そごう・西武に入社したい』と言いだしたら、申し訳ないけど『やめとけ』と言うと思います。いい会社だと思うし、愛着もあるけれど、自分の娘を入れたいと思うかというと話は別です。

それでも、最終的には『いい会社だから入りな』と誇りを持って娘にも言える会社にしたいと思っています。これはもう偽らざる気持ちで、そういう会社になるように、誇りを持って、プライドを持って働けるような働きがいのある会社に、みんなで一緒にしていきましょう」

伝統的に、百貨店業界の組合活動は労使協調路線をとっている。以前は日本サービス・流通労働組合連合（ＪＳＤ）という労働団体の傘下だったが、二〇一二年にＵＩゼンセン同盟とＪＳＤが統合し、ＵＡゼンセンと改称した。以後、そごう・西武労組はセブン＆アイグループ労連の一員としてＵＡゼンセンの賃金闘争と足並みを揃えて統一闘争に臨むようになっていった。

ＵＡゼンセンには「流通」「製造産業」「総合サービス」の三つの部門があり、私は委員長就任と同時に流通部門の執行委員になって、百貨店部会の運営委員となった。

四七都道府県に支部があるＵＡゼンセンの、東京都支部の運営評議会の評議委員となり、京王百貨店、小田急百貨店や東武百貨店、東急百貨店、松屋など都内の百貨店労組幹部との交流がより深くなっていった。

この関係が、二〇二三年のストライキのとき、生きてくることになる。

「五店舗閉鎖」の衝撃

しかし、この年も「悪い流れ」は止まりそうになかった。二月には西武大津店の自社所有の土地と建物をゼネコンに売却し、家賃を払って「店子《たなこ》」として営業することになった。三月には、西武所沢店を九月以降、ショッピングセンター化することが決まった。自社の運営する面積を減らし、ビックカメラや無印良品、ＡＢＣマートなどが入居する。

六月には六〇歳以上の「ライセンス社員」の希望退職を募ることが発表され、会社の変化を象徴する決定となった。

百貨店の現場では、六〇歳で定年になって以降もライセンス社員として六五歳まで会社に残っている方が数多くいた。そうした方を対象に、六五歳まで働きつづけた報酬に匹敵するほどの非常に好条件の希望退職優遇措置を設定したこともあり、対象者の九割以上が退職を選んだ。ちょうど私の一〇歳ほど年上の方たちである。

堤時代の西武百貨店の、いわゆる「セゾン文化」を知る世代が、このとき一斉に退職していった。若手時代に接客のノウハウを学んだ先輩たち、商品部でバイヤーとして買い付けを担当するときに教えていただいた方たちが会社を去ることになった。

そごう・西武には役職定年がないので、ベテランが長く会社に残っているし五〇歳以下の社員がなかなかポストを得られないという不満も一部にあったが、接客でどのようにお客さまの心を摑むか、対面でどのように接したらいいか、こう対応すれば売れるという肌感覚は、やはりこの世代の方たちが優れている。

百貨店黄金期の古いアイデアではあっても集客するための企画立案、構築する嗅覚《きゅうかく》には学ぶべき点が多かったと思う。

高額の退職割増金もあり、最終的には大きな混乱はなかったと思うが、百貨店の「文化」を引き継いできた人たちがいなくなることに、個人的には複雑な思いが残った。

そごう・西武の縮減傾向は続いていたが、親会社のセブン＆アイでも、この夏大きな動きがあった。大規模なテレビＣＭを打って七月一日からスタートしたバーコード決済システム「セブンペイ」で、サービス開始直後から「身に覚えのない決済がある」という通報が寄せられたのである。

調査の結果、セブン‐イレブンのアプリのＩＤを乗っ取られた大規模な不正利用が発覚し、サービスを中止。開始からわずか一ヵ月後に全面廃止発表に追い込まれた。システムの脆弱性《ぜいじゃく》を突かれた大失態である。

九月には香港の投資ファンド「オアシス・マネジメント」がセブン＆アイの経営の不合理を指摘し、イトーヨーカドーなどGMS事業からの撤退、売却などを要求した。

セブン＆アイを率いる井阪社長に対する逆風が強まってきていた。

何か手を打たなければならない——井阪氏がそう考えたかどうかは分からないが、一〇月一〇日、セブン＆アイの決算発表会見に臨んだ井阪氏は、衝撃的な事業構造改革案を発表することになる。

「イトーヨーカ堂、そごう・西武の苦戦が鮮明になっています。人員水準を抜本的に見直します。そごう・西武は西武大津店、岡崎店、およびそごう徳島店、西神店、川口店の五店舗を閉店します。西武福井店、西武秋田店の二店舗は営業面積を縮小します。

首都圏の基幹店の売り上げは堅調ですが、地方・郊外店は前年割れとなっています。各店ごとに損益・来店客数や今後の市場成長性、不動産の価値も踏まえ、個別店評価をいたしました。選択と集中を進め、将来の採算性の改善が困難だと判断した五店舗の追加閉鎖を決断いたしました。

二〇二二年度までに、約一三〇〇人の削減を行い、それによって約八六億円の人件費を圧縮いたします。基幹店でも、プロパティマネジメントを導入し、最適な成長フォーマットをつくっていきたいと考えています。成長領域であるコスメ、ラグジュアリー、食品を強化しながら売り場の見直しを進めてまいります」

大津店、岡崎店、徳島店、西神店は翌二〇二〇年の八月末で閉店、川口店は二〇二一年二月末に閉店し、すでに一五まで減っていた店舗数を、さらに五つ減らすという。福井店は新館の営業を終了し、秋田店は地下一階でつながっていた別館の食品売り場を閉店するとした。

会見に出席したメディアからは、「さらなる閉店の可能性もあるのですか」という質問が出たが、「残る（一〇の）店はいまの時点では自社でと考えています」と井阪社長は回答している。

実は私は、この年の夏前にセブン＆アイ労連の幹部から「そごう・西武が危ない」と聞かされていた。大規模な閉店の可能性があるというのである。

労連の派遣でドイツに視察に行く予定を急遽《きゅうきょ》中止し、秘書室に連絡をとって、林拓二社長との非公式の面談を申し入れた。

「（セブン＆アイ・）ホールディングスと中期経営計画を見直すそうですけど、また大きなリストラがあるのでしょうか」

「……すべてが決まっているわけではない……これからだ」

「どこの店舗を、いつ閉めるんでしょう」

「具体的な話はまだはっきりしていないし、ホールディングスと話している最中だ。ただ、V字回復させるための計画だ」

明言は避けたがやはり、大型の閉店計画はあるようだ。

しかし、それを聞いたところでまだ未確定の話を組合員に話すわけにはいかないし、副委員長の坂本、割石にも話せなかった。自分の腹に収めておく以外にない。

聞かないのも苦しいが、聞くのも苦しい。できることは、いざそうなったときの準備を内々にしておくことくらいだ。

閉店する理由と事情は、五店舗それぞれだった。

西神店は基幹店の神戸を失ったあと、取引先との関係面でも、顧客の囲い込みという面でも苦戦していた。

土地・建物を売却したばかりの大津店は近隣にイオンモールが進出してくる計画があり、大幅に客を奪われることが予想されていた。

岡崎店では逆にイオンモールの中に出店していたが、モール側から退出を求められていた。

疑問が残ったのは、川口店と徳島店の閉店で、首都圏で商圏も広い川口店にはまだ存在価値があるという声もあったし、県内唯一の百貨店だった徳島店の撤退は地元の人に与える衝撃が気になった。

実際、「百貨店のない県」になる徳島では、地元からかなりの反発があった。地元企業に比べて給与水準も高く、そごうに就職できて良かったと誇らしい気持ちを持って働いている方が大勢いる。閉店発表の直後、一〇月一六日に行われた定期中央大会での、徳島支部の副委員長の発言が心に残っている。

「徳島店の皆さまの声でどうしてもこの場で伝えたいことがあります。

社長は、徳島におけるそごうの存在の大きさを理解していただいているのでしょうか。県や市など行政への働きかけや減積（売り場面積の削減）での店舗存続など、会社として努力をしていただけたのでしょうか。徳島の灯を消さないでほしいと切に願います。徳島の雇用は決して多くはなく、路頭に迷う従業員が出るかもしれません。

林社長は常に従業員ファーストと言っているが、本当に実現できているのでしょうか。職場集会では、『なぜ社長は来ないのか』『誠意が見えない』『この気持ちでけ次に進めない』と様々な意見が出ています。

また、転進支援の内容は手厚いものではないと感じています。私は、社員とその家族を幸せにすることが従業員ファーストだと考えます。私たちは百貨店人です。お客さまを感動させる商品・サービスを提供しなければいけませんが、当の社員が会社に対する不信な気持ちがあるなかでは、それらは提供できようもありません」

副委員長は、「利益以上に従業員を大切にすることを考えていただきたいと、切に願います」と訴えた。

名指しされた林拓二社長は、

「できうることはすべてやってきました。私の最大の責任は当社を存続させることです。このままでは会社の存続すら危ぶまれる状況であり、生き残りを懸けた決断だったということをあらためて認識していただきたい」

と回答している。

従業員目線と会社目線の両者の論点はまるで噛み合わなかった。

われわれ労組は、徳島の店舗はなくなっても外商部門だけはサテライトオフィスとして残せないかなど様々な提案・検討を行い、会社側もそれに一定の理解を示して解決策を協議してきたが、条件が折り合わなかった。

サテライトオフィスの構想も、外商部員として残りたいと手を挙げる方がおらず、取り下げざるを得なかった。結局、徳島店にいたほとんどの社員の方がほかの店舗への異動ではなく、退職されることを選んでいる。

大津店などの社員のうち、美容部門のような技能を持つ方については、組合のパイプで伊勢丹や近鉄など近隣の百貨店店舗に紹介し、数名を受け入れていただくことができた。

閉店時はいつもそうだが、中央執行部の役員が各地に出張し、現場の要望を聞き取っていく。

のちに三役となる徳島担当の後藤は現地のビジネスホテルに一週間滞在して、その間毎日、聞き取りを続けた。再就職に対する漠然とした不安、この先どうするかというライフプランなど、一人ひとりと向き合い、その方の要望を整理して会社の人事部に伝えていく。西神店では割石、川口店では宮川が担当として組合員と向き合った。

自分の職場がなくなってしまうわけだから、不安のない人はいない。ときには「お前はいいよな」というような言葉を投げかけられることもあって、精神的に辛い仕事だった。

他店への異動といっても、たとえば大津店から福井店への移籍は生活圏も違い、簡単な話ではない。福井店もこれ以上人員を受け入れる余裕があるわけではなく、その点でも難しかった。

「関西から撤退する」という井阪社長の決断によって、西神店はもちろん大津店も、徳島店も立ち行かなくなってしまった。あらためて、「あの決定はなんだったのだろう」と強い憤りを感じた。

そごう神戸店を引き継いだ阪急は改装後、多くのお客さまを集めて成功している。タラレバの話はタブーだがそごう神戸店を維持していれば、これほど多くの店を閉店し、従業員を退職させることはなかったのではないか——。

いずれにせよ、委員長になってからも閉店に次ぐ閉店で、ダメージが重かった。自分が委員長をしている間は、もうこれ以上の閉店はしてほしくないと強く願っていたが、現実はその想定をはるかに超えていた。

これだけの閉店ラッシュになってしまったことに、中央執行委員長である私の責任も免れない。閉鎖する五店舗と、減積する二店舗の社員の転進にメドがつくまでは続けるが、それ以上は難しいと思っていた。

西神店など四店の閉店は二〇二〇年八月に、川口店の閉店が二〇二一年二月に予定されている。自分はそのあと、委員長を退任しよう。

いや、退任するべきだ——そう感じていた。

第3章 報道先行

2016年以降セブン&アイ・ホールディングスを率いる井阪隆一社長（時事通信社提供）

投資ファンドの圧力

「大変お待たせいたしました。それでは開店いたします！」

「おはようございます。いらっしゃいませ」

「あけましておめでとうございます、最後尾はこちらでございます」

二〇二〇年の年明け、西武池袋本店の初売りは例年通り盛況だった。

新年一月一日の「初売り」には毎年、開店前からお客さまの長い列ができる。最近は一月二日や三日を初売りとする百貨店や駅ビルが多いが、そごう・西武では全店一月一日に店を開けているため、テレビなどメディアの取材も多い。

地下一階フロアのクラブ・オンゲートでは、恵比寿さま、大黒天、毘沙門天《びしゃもんてん》、弁財天《べんざいてん》など七福神が大勢のお客さまをお迎えした。幸運を招くと言われる七福神が元日にお客さまを迎えるのはそごう・西武の恒例だが、実はプロの役者ではなく、店長や副店長など各店舗の幹部が演じていることはあまり知られていない。

前年の「五店舗営業終了決定」の衝撃はまだ生々しかったが、大勢のお客さまを目にすると、自然とアドレナリンが出るのが百貨店員、商売人というものだ。残された一〇店舗で、なんとか頑張っていきたい。これ以上の閉店は絶対にあってほしくない。多くの社員が、その思いで必死に働いていた。

私は閉店が決まった五店舗のうちのひとつ、そごう徳島店に向かうため瀬戸大橋を渡っていた。徳島店での元日営業は、これで最後になる。現場で働く社員の皆さんに会社の現状を伝え、今後の希望を聞き取るなど、辛い面談が待っていた。

眼下に瀬戸内海を見ながら、スマホの画面に目を落とした。そごう・西武の今年の元日広告「さ、ひっくり返そう。わたしは、私。」というキャッチコピーを、なんとも言えない気持ちで眺めていた。

その翌月――。

中国・武漢から広がったとされる新型ウイルスの感染拡大のニュースが徐々に報じられるようになり、日本でも横浜に寄港した豪華客船、ダイヤモンド・プリンセス号の船内で多数の感染者が出たことが判明した。

国内でも少しずつ感染者が見つかり、安倍晋三総理（当時）は全国の小中高校の一斉休校を要請した。

四月になると政府は緊急事態宣言を発出、そごう・西武はじめ各百貨店は食品フロアや一部の専門店を除き、休業することになった。

四月九日には西武池袋本店の紳士服売り場の従業員一名の感染が発覚したため、一〇日に館内を消毒して翌一一日、一二日の二日間を全館休業とした。以後も食品フロアなど一部を除いて、一ヵ月以上の休業を強いられることになる。ようやくそごう・西武全店で営業を再開できたのは五月二三日だった。

政府による緊急事態宣言はその後も三度発出され、とくに三度目の緊急事態宣言となった二〇二一年四月には再度、都内二店舗が一部フロアの休業に追い込まれた。

「五店舗閉鎖」は、そんなタイミングで進められた。

西武岡崎店、大津店、そごう徳島店、西神店の四店が二〇二〇年八月三一日、一斉に閉店。これによって関西地域の店舗が完全に姿を消した。

関西の基幹店であったそごう神戸店が営業譲渡されたことで、地域販売会社の影響力が大きい取引先との交渉はこれまで以上に苦戦を強いられる。西神店はもとより大津店、徳島店も大きな打撃を受けていた。営業力、商品調達力が落ちるのは関西に拠点を構える法人外商(商事事業)、PISAロイヤル(関西家庭外商)も同様だった。

ウイルスの蔓延がますます進んだ二〇二一年二月末にはそごう川口店が閉店。現場の懸命な努力にもかかわらず売り上げは最盛期の半分以下に落ち込んでいた。「選択と集中」を理由に関西の店舗を閉店したのだから、首都圏の店舗にはよりテコ入れすべきだったと思うが、川口店をみすみす失ってしまった。

政府・自治体による休業補償の額は店の大きさや売り上げに関係なく決められたため、百貨店のような大規模店舗には「焼け石に水」である。雇用調整助成金など各種の支援金を受け取ることはできたが、二〇二〇年度の会社の売り上げは前年比で二六パーセント減り、六七億円もの営業赤字を計上した。


ウイルスの感染拡大を受け、二〇二〇年度はそごう・西武始まって以来の赤字決算となっていた。経営状態がきわめて厳しいことは認識していたが、会社側からの打診を耳にしたときの衝撃は相当なものがあった。

二〇二一年の定期昇給は見送ることになるかもしれない――というのである。

そごうと西武が経営統合してから一八年、これまで一度も定期昇給が止まったことはなかった。

ウイルスの蔓延で売り上げが激減するなかでも、会社は「資金繰りに問題はありません」「パートの方を含め、月給を止めるとか、雇い止めにするということは絶対にありません。ご安心ください」と繰り返しメッセージを発していたし、額面は減ったとはいえ、ウイルス感染拡大の恐怖に耐えながら懸命に店頭を守って営業を支えたことに応える形で毎年夏、冬の賞与は出ていた。

感染が広がり、店頭から客足が消えて、業績が厳しい局面を迎えているのは確かだが、それほど財務的に厳しいのであれば、福利厚生施設の改修や賞与がまず止まるはずだ。そこに手をつけずに、いきなり昇給を止めるのは優先順位が違うし、これまで発してきた会社のメッセージはなんだったのかということになる。

セブン&アイ傘下の企業でウイルス蔓延の打撃がもっとも大きかったのは、そごう・西武やデニーズなど外食のセブン&アイ・フードシステムズだったと思う。日常の買い物をするコンビニや食品スーパーとは対照的だった。

グループ各社の決算を横並びで見ると、そごう・西武は利益が上がっていないのにそれなりに賞与の月数が出ているように見えてしまう。賞与の月数はその年一回限りの金額だが、定期昇給は本給の水準そのもので、一度昇給が止まれば退職までずっと影響することになる。確定拠出年金なども含めればなおさらだ。

本給の定期昇給分が突然止められてしまえば、「いきなりどうした」「この会社、ついに潰れるのかな」と考える人が出てもおかしくない。

林社長、専務も同席する労使ミーティングで下交渉に臨んだ。

ここで引いたら、労組委員長として二度と社員に顔向けできなくなる。とにかく必死だった。

定昇ストップの打診があったことはセブン&アイ労連とも共有し、労連からセブン&アイの人事部にも確認、働きかけてもらうことにした。上部団体のUAゼンセンも交渉状況は把握している。

定昇をめぐる交渉は本来三月中には決着することを予定していたが、この年は四月まで胃の痛くなるような厳しい労使交渉を重ねることになった。その結果、定期昇給は例年通りという線でなんとか折り合うことができ、春闘を妥結した。UAゼンセンの基本方針からは外れてしまうが、「定昇維持」という最低のラインは死守した形である。

そのころ、親会社のセブン&アイには、アメリカからある要求が突きつけられていた。セブン&アイの四・四パーセントの株を買い集めていた投資ファンド、バリューアクト・キャピタルが投資家向けのレターを公開し、

「セブン&アイはコンビニ事業に集中するか、コンビニ事業を独立させれば、マーケットでの価値はいまの倍になるだろう」

と主張したのだ。井阪社長はセブン&アイのトップに就いて五年目、五月の株主総会を前にして、大株主からの強い圧力を受けていた。

セブン&アイは前年、アメリカのガソリンスタンドを併設するコンビニチェーン「スピー

ドウェイ」を二一〇億ドル（当時のレートで約二・二兆円）もの巨費を投じて買収しており、有利子負債が膨らんでいた。セブン‐イレブンは安定した利益を挙げていたが、イトーヨーカ堂（スーパーストア事業）、そごう・西武（百貨店事業）、そしてファミリーレストランのデニーズ、高級服のバーニーズニューヨーク（専門店事業）などはウイルス蔓延がさらに経営に打撃を与える形になってしまっていた。

なぜヨドバシなのか

五月の株主総会を乗り切った井阪社長は、セブン&アイの経営体制見直しに乗り出す。まず、焦点の百貨店事業と専門店事業を経理上合併し、一体の組織とした。それによってそれぞれの決算内容が見えにくくなる。

また、七月には西武池袋本店の建物を所有する不動産管理会社、セブン&アイ・アセットマネジメントを百貨店事業会社のそごう・西武に吸収合併した。

セブン&アイ・アセットマネジメントは二七九億円もの純資産を持ち、これと合併することによってそごう・西武の企業価値は上がることになる。何より稼ぎ頭の池袋本店の収益構造が大幅に改善する。

しかし、私はこうした動きに嫌な予感を抱いていた。なぜいまそのような動きになるのか冷静に考える必要があると感じていた。コロナ後を見据え、本気で百貨店の営業力を再生させようと考えているのであれば、このタイミングで百貨店事業と専門店事業を同じセグメントにしないはずだ。

そごう・西武に西武池袋本店の不動産を「持参金」としてつけることによって、会社の売却を考えているのではないか――。

経営幹部は「今後、プロパティマネジメント（PM）化を進めるうえで駅前再開発の選択肢を広げることが可能になった」と説明していたが、私は鵜呑みにできないと思っていたし、中央執行部三役には会社売却の可能性についても意識しておくように伝えた。

実際に証券会社のアナリストたちは、同じような予想をしているようだった。

その噂が現実のものだと分かったのは、ようやくウイルスの感染蔓延の出口が見えてきた二〇二二年一月三一日のことである。

日本経済新聞がこの日の夜、電子版で速報を流した直後から、スマホが鳴り止まなくなった。

〈セブン&アイ、海外に投資シフト　そごう・西武を売却へ〉

各方面からひっきりなしに電話が入っていたが、実はこのとき、私は救急車の中にいた。

夜、職場のある麴町駅から電車で帰宅する途中、突然ひどい立ちくらみに襲われ、池袋駅で途中下車した。

駅のホームで倒れ、そのまま意識を失ったようだ。気づくと救急車に乗せられ、目白の病院に運ばれていた。病院でCTスキャンなどの検査を受けたのち、ようやく少し回復してきたため、帰宅の許可がおりた。スマホには大量の着信記録がある。私は病院を出て歩きながら、各方面に折り返しの電話を入れることになった。

駅のホームで倒れるなんて、これまで一度も経験したことがなかった。健康には自信があったし、時間があれば自宅のまわりをランニングもしている。会社売却の一報を見てショックのあまり倒れたというならまだ分かるが、記事を見る前から具合が悪くなったのは不思議な因縁だった。この日からスト決行まで、五七七日間の苦闘が始まることになる。

ともかく、喫緊の課題は事実確認だ。秘書室に連絡をとり、翌朝八時から林社長と面会するアポイントだけはとり付けた。

前日の速報ではほとんど詳細な情報はなかったが、一夜明け、日経新聞の一面トップには「一月中に価格などの条件を含めた交渉に入り売却先の選定を始める」「売却額は二〇〇〇億円以上を想定している」と新情報が盛り込まれていた。

どうやら、売却話はかなり以前から進行していたようだ。しかし、朝八時から面会した林社長の対応は意外なほどあっさりしていた。

「決まったことは何もないし、セブンからは何も聞かされていない。店舗運営本部にも対応を指示しているし、このあと従業員にはアナウンスするから」

この日、従業員には「詳細確認中——決まったことは何もありません、ご心配おかけしますが、すでに策定された計画に基づき業務を推進していただくようお願い申し上げます」という林社長名の簡単なメッセージが伝えられただけで、新聞報道以上のことは分からずじまいだった。林社長自身も、親会社がどのような動きをしているのか、細部までは知らされていないようだ。おそらく、親会社の限られた役員で議論をしているのだろう。

一方親会社のセブン＆アイは以下のリリースを出し、日経の報道を半ば認め、半ば否定した。

〈一部報道において、当社が完全子会社である株式会社そごう・西武の株式売却を検討しているとの報道がございました。

当社は、昨年7月に発表いたしました「中期経営計画2021‐2025」にてお示ししたとおり、事業ポートフォリオに関して、株式会社そごう・西武の株式売却を含め、あらゆる可能性を排除せずに検討を行っておりますが、報道の内容につきましては、何も決まったものはございません。以上〉

「売却を検討している」が、「まだ決まっていない」──摑みどころのないコメントである。

こうなれば、セブン&アイトップの井阪さんに直接聞くしかない。

偶然にも春闘を前にセブン&アイ労連と経営側の労使協議が予定されていた。イトーヨーカドー労組、そごう・西武労組、セブン&アイ・フードシステムズ労組などセブン&アイ各社の労組幹部が、井阪社長らセブン&アイ経営陣と賃上げについて事前協議する。

この年、われわれそごう・西武労組は春闘で具体的な賃上げを含む労働条件改定を要求提案する方針を固め、最終調整の段階に入っていたが、株式売却という衝撃のニュースが流れ、方針転換するかどうかの判断を迫られることになった。

さらにこの労使協議機会で、私はそごう・西武売却報道について井阪社長に現場の声を伝え、要望を届けようと考えていた。

私が主張したのは、「雇用の維持」と「事業の継続」、そして「情報開示」の三つである。以後二〇二三年八月のストライキまで、この三点をブレずに一貫して言いつづけることになる。

「自分たちの店はどうなるのか、お客さま対応は、など不安の声が上がっています。事業会社が（交渉の）主語ではないとなれば、どこまでが事実なのか知りたいというのが現場の本音です。少なくとも報道が先行して混乱しないように事前に情報共有していただきたい。また、売却にあたっては百貨店価値というよりも不動産価値を打ち出しているようにも映ります。百貨店ブランドを守る、雇用を守るということは胸に留めていただきたい」

井阪社長の回答は、相変わらずとらえどころがないものだった。

「かしこまりました。ただ、報道は寝耳に水で私どもが発信したものではないということは理解していただきたい。そごう・西武は駅前立地の資産価値以外にも顧客基盤、取引先さま、優秀な社員などポテンシャルがある会社です。ベストオーナーと組めばもっとバリューが発揮できるはずです。そう考えていただきたい」

報道を肯定するわけでもないが、「絶対に売らない」というわけでもない。「報道は寝耳に水」という言葉にも、違和感があった。セブン&アイという会社は身内には秘密主義なのに、なぜかメディアには容易に経営情報が漏れる。二月七日発売の経済誌でも、セブン&アイの内部資料を入手したとして、DX戦略の頓挫《とんざ》の詳細を報じていた。本当に不思議な話だ。

そごう・西武の売却を検討していることを、井阪社長がはじめて公に認めたのはこの二ヵ月後、四月七日のセブン&アイの決算発表の場である。

その間、セブン&アイからはなんの発表もないにもかかわらず、「売却先」をめぐる報道は過熱していた。

〈**そごう・西武、入札締め切り　売却先、セブンが絞り込みへ**〉（朝日新聞二月二二日付）

セブン＆アイ・ホールディングスは21日、傘下で百貨店を運営するそごう・西武の売却先を募る1次入札を締め切った。

〈**1次入札、複数応募か**〉（読売新聞二月二二日付）

投資ファンドなど複数の応札があったとみられ、今後、売却額など条件面の本格的な交渉に入る。

〈**1次入札に複数応募　そごう・西武売却**〉（共同通信二月二二日付）

三井不動産や三菱地所も入札への参加を検討していたが、見送ったもようだ。再開発による収益性を考慮しても、従業員の引き受けなどの負荷が重荷だったとみられる。

〈**そごう・西武売却、魅力は？　駅近の一等地　多い「借り物」　複数陣営が応札**〉（朝日新聞二月二五日付）

複数陣営が応札したとみられる背景にあるのが「不動産」としての魅力。国内有数の一等地に主要店を構える一方、（中略）店舗の土地や建物は「借り物」が目立つ。同社によると、西武池袋本店は建物の大半を自社で持つ一方、地権者は複数いる。

〈**「そごう・西武売却」、1次入札で残った顔ぶれ**〉（東洋経済オンライン二月二八日付）

1次入札は2月21日に締め切られ、ゴールドマン・サックスをはじめとする外資系投資銀行や、多数の投資ファンドなどが応札。その結果、米大手投資ファンドのブラックストーン・グループ、米ローン・スター、米フォートレス・インベストメント・グループ、そしてシンガポール政府投資公社（GIC）の4社が残り、2次入札に進んだという。

私たちに見えないところで、事態が激しく動いていた。

東洋経済オンラインの記事では、匿名のそごう・西武幹部が「彼らに売却されたら店舗を単なる不動産として扱われ、切り売りされて終わるのではないか。もう百貨店ではなくなるかもしれない」と語っている。たしかに、応札したのがすべて投資ファンドだということが懸念材料だった。

その後の報道によると、二次入札に進んだ四社からブラックストーンが降り、五月に行われた二次入札にはローン・スター、シンガポール政府投資公社、そしてフォートレスの三社が参加したという。

三社のうち、どこが選ばれるのか――。それも結局、日経新聞による報道が先行した。

〈ファンド主導のそごう・西武売却交渉　提示額2000億円超〉（日本経済新聞電子版七月三日付）

そごう・西武の売却を巡って、投資ファンドの米フォートレス・インベストメント・グループが優先交渉権を得た。（中略）金額などの条件面でフォートレスが上回ったとみられる。フォートレスの提示額は2000億円を大きく超えたもようだ。

記事のなかで、見逃せない記述があった。

「フォートレスはそごう・西武の買収に関して、家電量販店大手のヨドバシHDと連携に向けた協議も進めている。西武池袋本店（東京・豊島）の施設内でヨドバシHDが営業することも検討しているもようだ」

ヨドバシカメラ⁉

衝撃の一報だった。いちばんあり得ないと考えていた組み合わせだったからだ。何度も書いているように、池袋本店は残された一〇店舗の基幹店であり、そごう・西武の会社を支える重要拠点だ。池袋駅前の広大な売り場と日本第三位の売り上げがあるからこそ、取引先さまとの関係が維持できるし、商品調達力を保つことができる。

ヨドバシが池袋本店に入居する、いや正確には池袋本店の家主となれば、それまで考えていた買収とはまったく違った話になる。池袋でデパートを経営することが前提でなくなってしまう。

これまでにも、西武百貨店が撤退したあとの札幌の土地をヨドバシホールディングスが買い、そこに新たに商業ビルを建築するという計画はあったが、ヨドバシと西武池袋本店が同じ建物の中に同じような割合で共存することは、私にはイメージが難しかった。

これが地方の店舗であれば共存はあり得るし、実際、すでに家電量販店が入っている店舗もある。

ただ、池袋のような基幹店となると、事情はまったく違う。現在池袋に出店しているブランドのなかには、売り場環境面で独自のレギュレーションを定めているところもある。自社の店舗出店基準に照らして、ヨドバシとの共存を拒否する可能性もあった。

何より、池袋のお客さまがヨドバシとの協業を望んでいる姿があまり想定できなかった。池袋駅前にはすでにビックカメラ本店があり、そのほかにもヤマダデンキ、ノジマ、ソフマップなど家電量販店が乱立していて、これ以上家電量販店が増えても、お客さまの利便性向上につながらないのではないか。会社都合が前面に出すぎて顧客ニーズを無視すれば大変なことになる。

早急に林社長とも直接会って事実を確認する必要があると思った。

「全部が本当のことではないにしても、まあおおよそそんな感じだと思う。ただ、俺自身もすべてを知らされているわけではないし、決定事項もないと聞いている……」

報道翌日の四日、社長室で向き合った林社長は、淡々と話した。

「社長、現場の不安は日々高まっています。お客さまからのお問い合わせにも受け答えに苦慮しています。いい加減、従業員向けメッセージを出せませんか」

「やりたいのはやまやまだが難しいね……。この案件は、そごう・西武が主語ではない。親（セブン＆アイ）が報道の真偽に関してまだ何も話していないものを、子会社のわれわれが先に何か言うわけにはいかないよ」

そごう・西武としては何も動きようがないという。一月三一日の売却報道のときと同じだ。主導権は親会社のセブン＆アイにあり、そごう・西武の経営陣には、発言権がないどころか情報さえ満足に与えられていないのか。本来、そごう・西武の社員に現状を説明するべき林社長がこの状況では、組合としても行動を起こすことは難しい。

しかし、このまま黙っているわけにはいかなかった。

一月末にそごう・西武の売却報道があったころから、かつての労働組合委員長など数人のOBの方々と連絡をとり、アドバイスをもらっていた。

なかでもとくにお世話になったのが、平塚大輔さんである。

平塚さんは二〇〇三年に当時の西武百貨店が私的整理に追い込まれたときの労働組合委員長で、委員長退任後西武を退社され、ドラッグストアチェーンのサンドラッグに移って社長室長などを経験された。その傍ら大学で経営学の修士号を取得され、現在は明星大学の特任教授を務めている。西武時代は大津店に勤務していた経験があり、関西出身者であり、労働組合で副委員長、委員長を務めた経歴も私と似通っていて、とくに親近感を持っていた。

豊富な経験に基づいた的確な示唆を与えてくれる、私にとってとてもありがたい存在だった。もちろん平塚さん以外の多くの方からもアドバイスをいただいている。そうした先輩たちからも、「そろそろ組合としての活動を『見える化』すべきじゃないか」と言われていたのだ。

今後の進展はどうあれ、近い将来、この売却交渉について振り返る局面が必ずある。そのとき、組合員に指し示すべき足跡、労組執行部の活動記録が公式に残っていないのは良くない――そう思った。

いまこそ行動を起こすときだ。

迷ったらGOだ

実はこの日、私は前々からしたためていた「要望書」を手にしていた。労組としての思いを形として残しておかなければいけないと考えて、セブン&アイ労連の小鷲良平事務局長が窓口となって顧問弁護士と意見交換している中で出てきたエッセンスをベースに、主要な論点の加筆修正を繰り返しながら少しずつ書き溜めていた。坂本や割石ら労働組合の幹部にも伝えずに一人でコツコツ書いていたものだ。

「社長、このままでは、私たち労働組合も組合員に対して説明責任が果たせません。申し訳ないですがこんな書面をまとめてみました。宛先は、井阪社長と林社長です」

林社長は、普段私の言うことに反論することはほとんどない人だが、このときは違った。

「ちょっとよく考えろ。言いたいことはよく分かる。だけどいま、このタイミングでこんな文書を出したら、場合によっては大変なことになるかもしれないぞ。そごう・西武労使の問題だけなら構わない。労使協議も普通にやっているので話し合いのテーブルにつく用意もある。

でも、セブン&アイに正式にこんな文書を出すということは……。良くも悪くも、委員長は今後目をつけられることになる。そごう・西武の労組が、『ハチマキを巻いて闘う集団』のように見られなくもない」

セブン－イレブン・ジャパンには、企業内労働組合がない。井阪さんも役員の多くも正面から組合と向き合った経験がない。林社長は、私がこの文書を提出すれば、「お前のところの組合はどうなっているんだ。寺岡はお前の部下だろう、なんでその勝手な行動を抑えられないんだ」とセブン＆アイの経営陣から問い詰められることを懸念したようだ。

「井阪さんには『労働組合は部下ではありません。そごう・西武とは完全に別組織で、われわれのコントロール下にはないものなんです』と伝えているけど、『労働組合委員長は社長の部下』という思考回路だから、いろいろと話がねじれる可能性もある。ここでは考え直したほうがいい」

林さんは、心底私の立場を心配してくれているようだ。

いまこの段階で、そこまでホールディングスに気を遣う必要があるのか疑問だったが、林社長には長年、井阪社長と対峙してきた経験がある。その林さんがそう思うのであれば何か根拠があるのだろう——そう考えて、私はいったんその要望書を持ち帰ることにした。

しかし、翌五日にその考えを撤回することになる。

この日、セブン＆アイグループ労連の渡邊健志会長が井阪社長と電話で話し、その際井阪社長は「あの報道は全然事実ではない、決まったことはなにもない」と言っていたというのだ。

いくらなんでも、それはないだろう。日経新聞が一面トップで書いたことが大誤報というのはほとんどないケースだ。ある程度会社売却の話が進んでいるなら、なぜそれを正直に言えないのか。井阪社長は、組合に心を開いて情報開示をする気などないのではないか。

もう躊躇《ちゅうちょ》している場合ではないと思った。

「迷ったらGOだ」――平塚さんが座右の銘にしている言葉が頭をよぎった。

ここでやらなければいずれ後悔することになる。いましかない。一度決めたことを曲げたらだめだ。ひと晩熟慮して、翌日もう一度林社長に会った。

「社長、私はもう腹をくくりました。ホールディングスの上層部から私がどう思われようと構いません。労働組合としても、しっかりと形を残さなければいけないタームに入ったと私なりに認識しています。林社長の貴重なご意見は受け止め、検討しましたが、この要望書は正式に林社長に提出させてください。よろしくお願いします」

「そうか……。委員長の覚悟は分かった」

そごう・西武の労使は、これまでお互いの立場を尊重し、対等な立場、精神で話し合いによる解決を模索する「労使協調」路線をとっていた。歴史的に見ても百貨店各社ともに同様のスタンスで向き合っている。七月六日付の「要望書」は、その枠組みからある意味で一線を画した取り組みであり、そごう・西武労働組合委員長として私が会社の売却交渉に主体的に関わるようになった第一歩となった。

株式売却報道案件に関する要望書

当該事業会社及び事業所で働く従業員（取引先含む）は、報道ベースによる度重なる情報に精神的な負荷を抱えている状況に加えて将来的な不安も重なり、今後の雇用や労働条件に関わる声などが約５か月間にわたり継続的かつ下げ止まらない状況である。これ以上の過熱する報道合戦は見過ごすことが出来ず労働組合としての組織の社会的意義、組合員に対する行動責任として、以下のことについて要望書を申し入れさせていただきます。

さらに具体的な項目として、以下のような諸点に触れた。

長い抜粋になるが、その後労働組合として訴えつづけた論点、労働組合のとるべきスタンスと考えているものがここに集約されているので、以下その要点を掲載させていただく。

1．取り巻く現状について

（1）組合員の心境

外部報道による、ご来店されるお客さまと同じタイミングでの情報共有により、現場は混乱し、不安・不信・不満が積もってきた。（中略）出来うる限りの情報提供をタイムリーに求める声は非常に大きくなっている。

（2）労働組合

大手小売りグループの売却案件は日本国内で大きな注目を集めている。労働組合事務所や中央執行部にはマスコミ・メディアから取材を求める申し込みが後を絶たない。

2．労働組合の基本姿勢について

（1）基本的なスタンスについて

私たち労働組合は（中略）雇用や労働条件に関わる労働組合法務案件については積極的に関与する必要があると考える。

労働組合は株主と並ぶ企業の重要なステークホルダーであり、かつカウンターパートである。

（2）事業再編・スピンオフに対する認識

先行して取り組まれた国内企業の実例においても、事前の労働組合との協議や共有の重要性、実行フェーズ前後における誠実かつ丁寧な従業員説明に力を注がれたこと、加えて出来うる限りの雇用や労働条件への配慮の必要性が報告されている。

3．労働組合としての要請内容

（1）継続的雇用と労働条件の確保について

労働組合としては状況・進捗をただ静観しているわけにはいかない。雇用はもちろん百貨店としての事業継続を強く望むものの、簡単なことではないことは承知している。

一方で「労働者保護の観点」が欠落することは今後のグループ経営や他の事業会社へのエンゲージメントに大きな影響を与えることは言うまでもない。

（2）コミュニケーションプランの策定

従業員に関わる重要案件については守秘義務を遵守することを前提に、可能な限り事前の共有、協議をお願いしたい。

（3）甚大な合理化が発生した場合の対応

不合理なリストラ要求、企業の長期的利益を損なう甚大な案件が発生した場合は、世論を含め反対意思を表明し、上部団体と連携のもと正当な行為の履行判断をとるものとする。

いま読み返しても、労働組合として当たり前の主張をしているだけで、この要望書を提出することで何か問題があるとは思えない。要望書をまとめるにあたっては、二〇二〇年に経産省が立ち上げた「事業再編研究会」の報告書にも目を通し、参考にさせていただいた。企業の事業ポートフォリオの新陳代謝、特にノンコア事業の切り出しについて実務指針をまとめたものである。さらにこの研究会の委員を務めた東京大学大学院の柳川範之教授の講演も聴かせていただいた。

宛先はセブン&アイ・ホールディングスの井阪隆一社長、そごう・西武の林拓二社長の連名とし、私の名前の横にそごう・西武労働組合と中央執行委員長の印を押して、正式な文書であることを強調した。

林社長には六日に会ったときに直接手渡し、同じ文書をもう一通つくって井阪社長に届くようセブン&アイ労連に託した。

文書が届いたあと、井阪社長から林社長に電話があり、

「この件に関しては、林さんが寺岡委員長とよくよく話をしてくださいよ」

と伝えられたと後日に聞いた。労組委員長を抑えるのは子会社社長の仕事だから、お前が

なんとかしろということなのか――。

「みな同窓生」という奇妙な偶然

「要望書」を提出して、労組委員長としてするべきことが明確になった気がした。もっと言えば、これからはひとつずつ、形にして残していかなければならないという責任感が強くなった。そうでなければ、リスクを背負って行動したことが意味をなさない。

九月三〇日には、事業継続と雇用の維持、そして情報開示という三点を要請するそごう・西武労働組合としての「意見書」をまとめ、セブン&アイの取締役や監査役全員に送付した。

この時期に、セブン&アイの取締役に直接コンタクトしたいと思ったのけ理由がある。

セブン&アイはこの年五月の株主総会で取締役の構成を大きく入れ替え、一三人の取締役のうち二人の社内取締役、二人の社外取締役が退任し、二人増員して新たに六人の社外取締役が選任されていた。

これも「取締役会の過半数を社外取締役にすべき」というバリューアクトの提案を受け入れたもので、改選によって一五人のうち社内取締役が六人、社外が九人となった。社外取締役が多数を占めると、代表取締役が不当な提案をした場合、取締役会の議決で否認できるため、経営の監視役となりうる。

しかし現実には、九人の社外取締役のうち、伊藤邦雄一橋大学名誉教授は井阪氏ときわめて近い立場だということが知られている。伊藤氏は三菱商事、東京海上ホールディングス、住友化学、東レなどの社外取締役を務めた会計学の権威で、二〇一六年に鈴木敏文氏を退任させ井阪氏の社長就任を実現させた人物である。また、米村敏朗元警視総監も「井阪派」と見られていた。

伊藤氏、米村氏の二人を社内取締役と合わせると取締役会の勢力図は八対七となり、井阪氏の提案は否決されにくい。

この人事案は四月七日に発表され、五月二六日の株主総会で承認されている。

この間に、そごう・西武の株式売却交渉が進んでいた。

新任取締役は五月末に着任して七月頭までわずか一ヵ月ほどの間に株式売却についてどの程度説明を受けたのか心配だった。買収先としてどこがふさわしいか、そんな短期間で判断できるのだろうか。

報道によると、井阪社長は株式売却交渉を金融戦略室長の小林強氏に一任しているという。さらに、このような報道もあった。

「関係者によると、新任の社外取締役は（フォートレス・ヨドバシ連合の）優先交渉権の選定には関わっておらず、そごう・西武の現状について説明を受けている段階だという」（日本経済新聞電子版二〇二二年七月一九日付）

「5月に就任した社外取から、そごう・西武の売却などについて「判断がおかしいのでは」といった発言が出ている」（週刊東洋経済二〇二三年五月二〇日号）

新任の取締役の間で、今回の売却に対する疑念も出ていたというのだ。

経営側から役員に提供される情報が偏っていたり、事業会社の実態が役員会の判断に正しく反映できていない事態はどう考えても望ましくない。

取締役一人ひとりに労働組合としての考え方を明示する書面を発送する必要がある、と判断した。書面は特定記録郵便の形式で発送した。これであれば、先方が受け取ったことが確実に記録に残る。取締役の判断を監視する監査役に対しても、同様の文書を送付した。

旧日本興業銀行出身の小林室長について、東洋経済は次のように書いている。

「興銀時代にニューヨーク支店に在籍していたことから、『M&A（合併・買収）の専門家』という触れ込みだった。だが実際は訪米した日本企業への対応が主な業務。そのためM&Aかいわいでは『M&A業務に慣れておらず要求を何でも受け入れてくれる人』（投資ファンド幹部）との評判だった。

そんな小林氏は、わずか1週間でサービス停止に追い込まれた『セブンペイ』の責任者としてつまずく。そのため汚名返上とばかりにディール（そごう・西武売却交渉）の成立を急いだ」（週刊東洋経済二〇二三年五月二〇日号）

小林氏らとフォートレス、三菱UFJモルガン・スタンレー証券の「一橋ネットワーク」も気になっていた。小林氏は一橋大学商学部の卒業生で、在学中は伊藤邦雄名誉教授のゼミにいた門下生である。

しかも、交渉相手のフォートレス・山下明男在日代表、売却交渉の仲介役を務めるモルガン・スタンレー証券（交渉当時）の中村春雄氏も一橋大学出身で、伊藤邦雄名誉教授のゼミに在籍していたという。

こんな奇妙な偶然があるだろうか。

M&Aに詳しい知人は、「一般的に言って、ディールに関して優先交渉権を一社だけに設定するのはあり得ない。最後まで複数社で競合させて、できるだけ有利な立場で交渉するのが常識だ。一社に決めてしまうと、本来ディールでは売り手の立場が強いのに、立場が逆転して買い手が強くなってしまう」と小林氏のやり方を訝《いぶか》しがっていた。

小林室長が主導し、「フォートレスありき」で交渉が進んでいるようだった。

交渉妥結を急ぐ井阪社長の意に反してフォートレスとの交渉は難航し、八月一九日までとされていたフォートレスの優先交渉権の期限は九月まで延期されることになった。

一方林社長はじめそごう・西武の経営陣は、交渉の進展にはまだ一山も二山もあると考えていた。もっと言えば、難航することを「想定して」いた。

交渉の最大の障害になると見られていたのが、西武池袋本店の土地の大部分を所有する西武鉄道（西武ホールディングス）である。

西武池袋線の始発駅である池袋駅は池袋本店の地下一階、一階に直結しており、西武池袋線沿線の住民を西武百貨店にそのまま誘導できる。その店舗が百貨店から家電量販店になることを、西武鉄道を率いる後藤高志会長はどう考えるだろうか。

駅に直結する店舗の事業者や業態は、西武線の沿線価値を高めることはもちろん、公共交通機関として安全安心に鉄道を運行するための信頼関係構築にもつながる話である。

林社長をはじめとするそごう・西武経営陣は、西武池袋本店の土地の六割程度を保有する西武ホールディングスは土地を売らないと想定していた。百貨店という業態に寄せる信頼感、長年池袋で営業してきた安定感、「西武」というブランドを共有していることなど、そう簡単に別の企業、事業への譲渡を容認することはないと考えていたはずだ。

具体的な手続きの面でも、百貨店としての営業を前提としている現在の賃貸契約を用途変更する必要が生じる。西武ホールディングスの後藤会長が首を縦に振らず、フォートレス＝ヨドバシへの譲渡を目指すこの交渉はうまくいかないか、少なくともかなり難航するだろうと思っていた。

だが、ウイルスの蔓延によって鉄道会社のグループ経営が大きなダメージを受けたことが、その後の交渉に影響してしまうことになる――。

二〇二二年の定期中央大会が間近に迫り、来期（一九期）の中央執行部体制を決める必要があった。私は五店舗閉鎖にメドがついた時点で、副委員長の坂本、割石世代に委員長職を譲り、労組の活動を卒業して現場に戻るつもりでいた。しかし会社の売却交渉がここまで煮詰まってくると、いまこのタイミングで委員長を退くことができるはずもない。

副委員長の坂本、割石、書記長の宮川にも残留してもらい、新たに局次長の後藤健史が書記長に昇格する体制を固めた。この人事案は、約一ヵ月前からの周知期間を経て一〇月一二日の定期中央大会に諮られることになる。

あわせて第一九期の活動テーマを、「一人ひとりの力を信じ、労働条件と雇用の場を守る」とした。経営側からなんとか正確な情報を引き出したい、現在の困難な社会環境や会社の置かれた状況を一人ひとりの力の結集で乗り越え、百貨店事業という「雇用の場」を守って新たな百貨店像、未来図を描きたいという思いを込めた。

九月二〇日、「二〇二二年度下期方針について」「人事制度改定に関する申し入れについて」をテーマとする中央経営協議会に臨んだ。「デジタルプラットフォーム」や「非店頭事業の拡大」などについて会社側から方針の説明を受けたあと、私が発言した。

「これまでも雇用の確保、労働条件の維持、そしてそれらを実現させるためにも百貨店としての事業継続を株式売却報道当初から強くお願いしてきました。

これまでの報道がすべて正しいとは思いません。また真偽も問いませんが、仮にも構造改善まっただ中の池袋本店の主要フロアに家電量販店が入居し、ラグジュアリー化を進めている施策と真逆の方針で大幅な軌道修正を強いられる、既存取引先へ影響が出るようなことがあれば、間違いなく百貨店としてのブランド価値が毀損し、ひいては全店舗の取引先政策にも波及する事態となることは容易に想定されます。

そのようなことになれば労働条件の維持どころか雇用すら守れないと考えますので、現時点では到底賛同はできません」

そごう・西武労働組合として、フォートレスへの株式売却に公式に反対の意見を表明したのはこのときがはじめてである。

林社長は組合への配慮を滲ませながら最大限踏み込んだ回答をしている。

「社員の皆さんの心情や思いを具体的にお伝えいただいたものとして、真摯《しんし》に受け止めたいと思います。

皆さんにお伝えできる事実としては、『現時点で決定事項はない』というものであることに変わりはありません。しかしながら、同じ言葉の繰り返しや、当社としてのスタンスが不明瞭な状態では、社員の感情面からすると忸怩《じくじ》たる思いを抱くことは、私も理解しております。当社として最優先に考える社員の雇用とブランドの継続を含め、ホールディングスの経営に対し当社としての意思表明や意見具申を断続的に行っていることはご理解いただきたい」

自分としても親会社に言われるがままではない。言うべきことは言っているし、これからもそうするつもりだ——そう言いたかったのだろう。

しかし、中央経営協議会の内容を伝える組合機関紙に目を通した井阪社長はさっそく電話をかけてきたという。

「寺岡委員長って話が分かる人なんですか？　今回のディールに反対だとか言っているじゃないですか。機関紙にこんなことを書かれたら、そごう・西武の現場が余計に混乱してしまう」

井阪社長は「売却交渉を計画通り遂行する」ことで頭がいっぱいになっているようだっ

た。

組合員への説明責任を果たしてほしい

組合として「売却反対」の意思表示をしたことに危機感を抱いたのか、セブン&アイに動きがあった。ようやく井阪社長との直接会談が実現することになったのである。

一〇月七日、セブン&アイ本社九階にある役員フロアのミーティングスペースで井阪社長、林社長、セブン&アイグループ労連・渡邊会長と私というメンバーで四者会談が行われた。正式な労使協議ではなく、非公式の枠組みとなる。

そごう・西武の株式売却を主題とした井阪社長とのミーティングはこれがはじめてだった。

「組合の捺印がある正式な書面ももらいましたから」

井阪社長の口ぶりを聞くと、どうやらこれまで積み重ねてきた文書、とりわけ全取締役に送付したものが効いたようだ。

とはいえ、この日の四者会談で明らかになった新たな事実はほとんどなかった。前日、六日のセブン&アイ第二四半期決算発表の場で語られた、「ベストオーナーを探している」という公式コメントとなんら変わらない情報量で、相変わらず組合に対する情報開示のレベルの低さに失望した。

フォートレスに優先交渉、ヨドバシ連合とすでに広く報じられているにもかかわらず、「交渉中」「インサイダーに抵触するおそれ」「守秘義務」などと理由をつけて対象企業の名前すらいっさい口にしようとしない。

井阪社長と直接話すことができたという意味では貴重な機会だったが、開示される情報がこの程度では、わざわざ密室で会議を設定する必要があったのかさえ疑問だった。

一部上場企業の代表として、現在進行中の買収案件について口にできないことが多いことは分かるが、労働組合はその当事者でもある。まったくの部外者であるメディアにはあれほど情報が事前に流れているのに、会社売却の当事者である労働組合との労使協議でまったく情報を出せないのはなぜなのか、事前に労使協議をすることの意味をどう捉えているのか、疑問が残った。

「報道もいろいろと出ているのに、いつまでも『協議中だ』とかなんだとかしか言えないのはまずいです。われわれも組合員への説明責任があります。それを果たさなければ、組合員の信頼を失ってしまいます。報道が事実ではないと仰るんだったら、事実でないということも含めてちゃんと説明しなければならないんです」

苛立ちを抑えきれず、そう発言したが、井阪社長は私の言葉をどう受け止めただろうか。原理原則にこだわる非常に真面目な、言い方を変えると頑固な人、という印象が残った。

一一月二日、東洋経済オンラインが今後の交渉日程をスクープした。記事によれば、セブン&アイ取締役会の二週間前に行われる定例の意見交換会で、小林室長がこう発言したという。

「一〇日の取締役会で承認が得られればその日のうちに契約を結んで適時開示（重要な会社情報の開示）し、（二〇二三年二月の）決算までにクロージング（交渉の妥結）したい」

一週間後の取締役会承認など、労組にはまったく知らされていない。

東洋経済に伝わる話が、なぜ当事者である労働組合には伝わっていないのか。急遽一一月八日、二度目の四者会談が設定された。

一〇日の取締役会で売却が承認されるというのは本当なのか。その点を再三確認し、情報提供を求めた。

「ディールに関する情報は決定すれば事前に通知します。そごう・西武の従業員の雇用については保障しますから」

井阪社長は例によって報道の真偽は口にせず、雇用の守り方の具体的な中身についても言及しようとしない。「事業継続」と「雇用維持」を保障してくれる相手がそごう・西武のベストオーナーだということだけである。オーナーが代わっても、事業を継続し、雇用を維持するのだから文句はないだろうということだろうか。

とくに心外だったのが、「社員の皆さんの不安を煽るようなことは避けていただきたいと思います」という発言である。

労使協議の内容は適時、正確に組合員に伝えているし、各店舗の支部役員には労使協議に臨むことを事前に通知もしている。社員が不安がっているのは経営側からまともな情報提供がなく、外部の報道に驚かされることが多いからで、組合がミスリードしているからではまったくない。

協議の結果、翌日のそごう・西武の労使協議で今日の井阪社長の発言を引用し、それによって組合員に知らせる形をとることにした。

予定されている主な議題は冬季賞与についてだが、株式譲渡についても議題になることが想定されるので、井阪社長の発言の一部を労使で共有し、その内容を機関紙で組合員に発信する。「自分の声がそごう・西武の組合員に届いていない」という井阪社長の要望に対応するためにこのような段取りにしたのだが、なんとも割り切れない思いが残った。

積極的に情報を出そうとしていないのは、いったいどちらなのか。

こんな紙切れ一枚で

四者会談を終え、重い身体を引きずって池袋に戻った翌朝、労使協議の準備をしているところに携帯電話が鳴った。

「寺岡委員長、昨日の話は非常に有意義でした」

セブン&アイの遠藤信一郎社長室長（当時）だった。遠藤室長が直接連絡してくるのはそれほど多くない。

「井阪から伝言を預かっていますので、直接話をさせていただけませんか。もちろん私がそちらに伺います」

この日は、労使協議の場である中央経営協議会が午後一時から予定されている。その後であれば時間がとれると伝えると、それでもいいという。遠藤室長は午後遅く、池袋の本部商談室に姿を現した。

「寺岡さんから、そごう・西武の組合員を安心させてほしいんです。ついては、セブン&アイ・ホールディングス側から『事業継続と雇用は守る』という話があったことを、組合機関紙でなるべく早く伝えてもらえないでしょうか」

終わったばかりの中央経営協議会では、前日の約束通り四者会談での井阪社長の発言をあえて引用していた。

「昨日話した通り、今日の協議で少し触れましたよ。非公式で行っている四者会談でのやり取りをそのまま組合の機関紙に書くことはできないので、冬季賞与支給をテーマとする中央経営協議会報告として広報します。配布までには少し時間はかかりますが」

中央経営協議会でのやり取りを文章にまとめ、各方面の校正、編集作業を経て労組の機関紙を配布するまでには早くても一週間程度かかる。遠藤室長は「二〜三日でなんとかなりませんか」と粘っていたが、できるだけ早く作業することを約束し、室長も納得して四谷に戻っていった。

しかしその直後、金融系ニュースメディアのブルームバーグが驚きの速報を流す。

〈そごう・西武　株式譲渡契約　決定〉

さらに日経が速報した。

〈米ファンド・ヨドバシ連合にそごう・西武売却へ〉（日本経済新聞電子版一一月九日付）

そごう・西武を米投資ファンドのフォートレス・インベストメント・グループに売却する最終調整に入った。売却額は2000億円を超えるもよう。家電量販店大手のヨドバシホールディングスはフォートレスと連携し、東京・池袋や千葉にある百貨店内に出店するとともに、店舗不動産の取得などを通じて資金拠出する方向だ。


驚き、呆れてものも言えなかった。

先ほど、わざわざ池袋まで来て話したのはなんだったのか。

相変わらず「事前の情報提供」はなく、メディアの報道の後追いで事実を知らされるだけだ。遠藤室長は、井阪社長から言われる通り動いているのだろうが、「いま、本社へ戻る帰りのタクシーの中ですが、こんな報道が出るなんて私も驚きました」と言い訳する遠藤氏を、気の毒に思う気持ちさえわいてきた。

はなから労働組合とまともに向き合う気持ちなどないのだろうか。

翌一〇日、セブン&アイ側からの要請で急遽、三度目の四者会談が開かれた。セブン&アイ労連の渡邊会長は急なことで都合がつかず、外出先からリモートでの参加となった。

井阪社長はいつも通り本題から切り出した。

「寺岡委員長、今回の報道は、ブルームバーグだということからすれば、おそらく金融筋からの情報だと思います。少なくともリークをしたのはわれわれではありません。われわれも困惑しています」

「私が聞きたいのは、報道の出どころだとかそういうことではないんです。昨日、一昨日のあれはなんだったんですか。報道先行はしない、事前に組合へ通知すると仰いましたよね。ふざけないでください。おかしいじゃないですか」

「本当はもう少しあとに決議しようと思っていたんだが……」

井阪社長はそう言って、プレスリリース案を示した。


「当社子会社の株式譲渡及びそれに伴う子会社異動のお知らせ」

当社は、当社とFortress Investment Group LLCの関連事業体たる特別目的会社である杉合同会社（譲受会社）間で、当社が保有する株式会社そごう・西武の発行済株式の全部を譲受会社へ譲渡する契約を締結することについて、本日開催の取締役会にて決議し、本日付で本件譲渡契約を締結いたしましたので、お知らせいたします。


「報道が先行して現場が混乱するだろうから、この際、これで明日決議します。ついては決議すると同時にこのプレスリリースを出すのでお約束通り事前にお知らせします。寺岡委員長、これで組合員を安心させる声明を出していただけませんか」

報道が先行したから決議するという理屈も理解できないが、こんな紙切れ一枚で、何を前向きに言えというのか。

それで「事前に情報開示した」と言うのは、いくらなんでも手前勝手すぎる。

同席している林社長は、硬い表情で紙を見つめていた。

「林社長、井阪さんはこんな紙一枚で『前向きなコメントを出してくれ』と言っていますけど、そんなことできますか。そもそも組合がコメントを出すということは、社長としてもメッセージを出すことになると思いますけど、林さんは書けるんですか」

「いや、それは……これでは書けない」

「それはそうでしょう。こんなので書けますか！」

井阪社長も林社長も、黙りこむ。

「ブルームバーグが書いたことで情報が拡散して、マスコミ各社も今日から報じているわけですよね。地方店は大変なことになっています。『譲渡いよいよ完了か』『地方の店舗の先行きが危ぶまれる』という記事が出て、こんなことになっているんです。分かっているんですか」

『秋田魁新報』に掲載された、秋田店の存続を危ぶむ記事をネットからプリントアウトして持参していた。井阪社長に紙面を見せたが、ただ黙って見つめているだけで、報道が先行していることを謝罪する言葉はいっさいなかった。

当初、一〇日の取締役会で決議すると報じられていた譲渡契約の締結は翌一一日の臨時取締役会で決議されることになった。

取締役会が終わり次第セブン&アイの役員が池袋を訪れ、そごう・西武の役員に決定事項を伝達するという。その説明を受けて「臨時中央経営協議会」を開催するとそごう・西武人事部から連絡があった。時間は一一日の昼過ぎになるという。

その矢先、今度はNHKのニュース速報が流れた。

「セブン&アイの取締役会が、二三年二月一日を契約実行日とするフォートレスへのそごう・西武株式譲渡を決議」

これから労組への説明というタイミングでまたもリークか——これで何度目だろう。つくづく溜め息が出た。

報道によると、セブン&アイはフォートレスにそごう・西武の株式を譲渡する契約を締結することを一一日の臨時取締役会で決議し、フォートレスのビジネスパートナーとしてヨドバシホールディングスが加わるという。二三年二月一日の株式譲渡の完了（クロージング）まで、「今後の協議で詰めていく」とされていた。

あとになって分かったことだが、売却後の池袋本店の大まかなフロアプランも一一日の臨時取締役会で示されていた。それによると、西武池袋本店本館の北ゾーンにヨドバシカメラが入る計画だという。

池袋本店は細長い廊下のような建物で、本館は北、中央、南の三ゾーンに分かれている。池袋駅は南より北側の人流が多く、北ゾーンがもっとも集客力がある。ルイ・ヴィトン、グッチなどのハイブランドも一階北ゾーンに入居している。

フォートレスのプランでは、この北ゾーンからハイブランドを立ち退かせ　すべてヨドバシカメラにするというのである。

ヨドバシが北ゾーンに入居することにこだわっているのは、もうひとつ理由があった。池袋本店から北側に向かって歩くと左にビックカメラ、右にヤマダデンキの大型店が並ぶ。仮に現在の池袋本店の北ゾーンにヨドバシカメラが入ると、ビックカメラ、ヤマダデンキに向かう人たちをその手前でせき止めてしまうことになる。ライバルのビックカメラ、ヤマダに強力な打撃を与えることができる立地なのだ。

ヨドバシはさらに手を打っていた。

池袋本店の地下街から東側に広がる約一二〇〇坪にわたるショッピングセンター「池袋ショッピングパーク（ＩＳＰ）」の株式をヨドバシホールディングスが取得する方向だというのだ。

ＩＳＰには現在約六〇のアパレルや飲食店、食料品店が入居するが、ここにもヨドバシカメラが入れば、さらにビックカメラ、ヤマダデンキへの人流は細ることになる。

しかも、ＩＳＰの所有する二〇〇〇坪の地下駐車場（池袋東口公共地下駐車場）は、ビックカメラ、ヤマダデンキの提携駐車場でもある。仮にこの駐車場の多くの面積をヨドバシが専有してしまえば、車で家電を買いに来る人はヨドバシ以外に選択肢がなくなってしまう。

井阪社長に近いと見られていた社外取締役の伊藤邦雄氏でさえ、「気がついたら『ヨドバシ百貨店』になっているようなことは、やってはだめだ。あくまでそごう・西武が、百貨店として成長できるプランでなければだめなんだ」と言っていたと聞く。

しかし、「結局、おカネを出す人が一番強い」とあるアナリストが言っていたように、二〇〇〇億円を出資する予定のヨドバシカメラに発言権があるのは間違いなかった。

これほど重要な決定が、労働組合にいっさいなんの説明も連絡もなく、抜き打ちのような形で実行されてしまったことに、大きな衝撃を受けた。

一一日午後の臨時中央経営協議会でそごう・西武の林社長は冒頭突如立ち上がり、「申し訳ありません」とわれわれに頭を下げた。

「前日から様々な報道が先行し、当社で働く従業員の皆さまやステークホルダー（利害関係者）、お客さまに多大な不安を与えたことについて、大変申し訳なく、あらためてお詫びを申し上げます」

しかし、林社長に謝られても、結果は覆らない。組合側からは当然、厳しい言葉をぶつけた。

「秘密保持の観点やインサイダー取引に抵触するとの懸念から情報開示が難しい状況とのことでしたが、これだけ外部には情報漏洩をしながら、当社で働く従業員には『決定事項は何もない』とは、いったいどういうことなのか。あまりにも、働く従業員や労働組合を置き去りにした対応なのではないでしょうか」

「今後どんなにきれいなメッセージを並べられても真正面から受け止めることができません。労働組合は個人の私利私欲のために動いているわけではありません」

この売却発表は、タイミング自体も最悪に思えた。

一一月はお歳暮、冬のボーナス商戦、クリスマスプレゼントやケーキ、食品の需要、年末年始のおせちの販売、初売りや福袋……ともっとも忙しくなるかき入れどきだ。

百貨店という業界は月ごとの収益に極端なバラつきがある。利益の大半が一二月に集中し、とりわけ食品売り場はクリスマスから年末年始まで休みもとりづらいほどの繁忙期に入る。

一一月一〇日は「高輪会《たかなわかい》」の前日というタイミングでもあった。

高輪会とは、外商のＶＩＰのお客さまが、日本全国から東京のグランドプリンスホテル高輪に集まり、宝石や高級腕時計、美術品などを購入していただく店外催事で、外商セールス担当にとっては一年でもっとも気合の入る日である。これまでデパートで年間を通じてお買い物をしていただいた実績のあるお客さま、長年取引のあるお得意さまにお声がけし、お招きしている。

プリンスホテルの広い会場に高額商品を並べ、外商の担当者がついてひとつひとつ商品を案内していく。会場に人影はまばらだが、その分選ばれた特別な顧客という感覚を味わっていただくことができる。並ぶ商品はどれも超高額で、数百万円という値札ですら普通に見える。

高輪会に足を運んでくれるお客さまは、「そごう・西武売却」の一報を聞いてどう思うだろうか。この店で高額の商品を買って、本当に大丈夫だろうか、今後この店との付き合い方を考えなければと危惧するかもしれない。

それによって高輪会の売り上げに影響が出るかもしれない。そんなことにも想像が及ばない発表に腹が立った。

この日の決議では、ほかにも注目すべき点があった。そごう・西武の子会社のロフトの株式がセブン＆アイ・ホールディングスに移管されるというのである。組合員からは当然、「当社が利益を上げていくことが第一であれば、なぜ集客力があるロフトをそごう・西武から切り離さなければならないのか」という批判の声が上がった。

社内には疑心暗鬼が渦巻いていた。

ルイ・ヴィトンを失うことになる

一一日の中央経営協議会で「申し訳ない」と頭を下げた林拓二社長は、その後、ある決意を固める。

社長自ら各店舗に出向いて説明行脚する、「店舗ラウンド」をするというのである。様々な偶然も重なって社長に抜擢されたが、林さんは本来現場の社員に非常に近い心情を持つ人である。今回の株式売却で従業員に不安が広がっていることは「謝っても謝りきれない」ので、一一月一六日から全一〇店舗を回って社員に直接思いを伝えたいという。

林社長はそごう神戸店、西武高槻店がエイチ・ツー・オーリテイリングに営業譲渡された際にも、現地を回って従業員と直接対話をしたことがある。経営幹部からは「かえって混乱を招く」と止められたが、林社長の意思で強行した。林氏はかつて神戸店の店長を務めた経験があり、とくに思い入れが強いということもあった。

神戸店ではかつての部下らに対し、「申し訳ありません」と深々と頭を下げたと聞いている。

一六日から始めた全店舗行脚で、社長は営業時間前の部課長会などに参加した。

「今回のディールはそごう・西武を再成長させるためのものです。私は、セブン&アイ・ホールディングスと井阪社長を信じています。従って悪いようにはならない、させない。だから安心して目の前の業務、繁忙期を乗り切ってください」

しかし、私はその話を聞いても不安を拭いきれなかった。

林社長の気持ちは本物だろう。さもなければ、この混乱期に一〇店舗を回って直接現場の社員に謝罪するという行動に出るはずがない。しかしセブン&アイは、本当に「悪いようにしない」だろうか。

ちょうどこの時期、そごう広島店では本館を改装し、新館から退去して本館にまとめる作業に入っていた。今後もこのまま営業を続けていけるのか、不安が広がっていた。そしてその不安は、そごう・西武の社員すべてが共有する不安でもあった。

一一月二一日に行われたそごう・西武労働組合の臨時中央大会では、組合の各支部から厳しい声が寄せられた。

「一月末の報道以降、お取引先さまから『先の案件は依頼できない』など厳しいお言葉を頂戴することが続き、普段の営業活動に支障が出ている。事業の特性上、交渉期間や取引納入期間が長い案件が多いことも鑑み、お取引先さまに根拠のある説明ができる安心材料が早くほしいと感じている」（商事支部の組合代議員）

「お客さまから、『百貨店らしくないお店では高級品を買いたくない』というリアルなお声を頂戴することもあります。そのような中で、当社株式売却の報道があり、実際に納品が先になる高級家具の販売がキャンセルになるといった事案も発生しました。営業体制はなにも変わらなくても、すでに報道だけでブランド毀損は始まっているのだと感じています」（池袋支部の組合代議員）

お客さまからの声も報告された。

「そごう・西武は百貨店ではなくなってしまうのかという不安」

「ハレの日需要や継続的なメンテナンスが必要な高額品の買い控え」

「問い合わせに対し曖昧な受け答えしか返ってこない現状」

こうした意見は「ブランド毀損」「信用・信頼の低下」「当社および従業員への不信」とい

う三つに集約し、経営陣に伝えた。

二二日には、労働組合としてアメリカのフォートレス本社に意見書を送付し、事業継続や従業員の雇用維持に影響が出るプランが提示された場合、「労働組合として明確に反対する」ことを伝えた。

このころから様々な文書は日本文と英文の二通作成するようになり、その分、余計に手間がかかるようになった。英文のビジネスレターは守秘義務契約を結んだ専門業者に依頼して作ってもらうのだが、それなりの費用もかさむ。

二四日には、フォートレスからそごう・西武経営陣に池袋本店のフロアプランが提示されている。それによると、低層階を中心に全面積の五割がヨドバシカメラ、残った部分で百貨店を展開するという。

一一日の臨時取締役会で示されたのは北ゾーンを中心に三割をヨドバシにする案だったようだが、結局、中央ゾーンも低層階を中心にヨドバシが入るとされていた。

フォートレス陣営は「話し合いの余地はない。これで決定です」と話したという。

もしこのプランが実行されれば、もっとも集客力のある北ゾーンと、中央ゾーンの低層階を失い、池袋本店の大きな魅力のひとつであるルイ・ヴィトン、エルメスなどのハイブランドも失うことになるかもしれない。

井阪社長から四者会談の場で「ヨドバシカメラが入るにしても低層階を占めるなどということはありません。組合員の皆さまにも、機関紙を通じてぜひそれを伝えてください」と言われていたが、この話も結果的に事実とは違った。「現時点で決定事項はない」という言い方で、その後どうなっても言い訳できるように逃げ道を残していたのだ。

「日本第三位」のデパートの座から転落し、お取引先さまから見た魅力も半減どころではないだろう。影響は他店にも及ぶ。二〇一六年にそごう神戸店を営業譲渡したあと、大津店や西神店、徳島店など関西の店舗は軒並み営業力を落とし、結果的に営業終了に追い込まれた。

基幹店が倒れれば、周辺も巻き込まれる。それはすでに経験済みだった。まして池袋本店は神戸店よりさらに大きな巨艦店である。その北、中央ゾーンを失うことで、そごう・西武という会社自体が今後、立ち行かなくなる可能性もありうる。

さらに、フォートレスからはじめて示されたそのフロアプランに林社長はその場では反論できず、そのまま持ち帰らざるを得なかったという。それを聞いてまた腰が抜けそうになった。

しかもこの時点で、われわれ労働組合にはいまだフロアプランが正式に提示されていない。一二月一四日に行われた四度目の四者会談でも、井阪社長は「フロアプランは未定」と言い張った。

「フロアプランはどうなるんですか、もう決まっているんですか」

「決まっていません。むしろそれはこれからです」

「普通に考えたら、ヨドバシがお金を出して買った土地で、自らも営業しようとすれば、自分の土地なんだから当然一番いい場所を自分が使いますよね。そうなればわれわれそごう・西武は、百貨店として生き残れなくなるんじゃないですか」

「このディールの『主語』はあくまでそごう・西武だから、もっと言うと百貨店を知っているのはそごう・西武なんだから、ヨドバシとフォートレスと、われわれセブンではなくてそごう・西武とで誠実に協議して、リースラインを決めればいいんですよ」

「表向きはそうかもしれませんが。自分の土地は、まずは自分がここを使うと決め、残りを君らが使っていいよ、とするのが普通じゃないですか」

「そんな話ではないですから」

「株式譲渡契約が締結されましたね。その契約の中身は知りませんが、ヨドバシが西武池袋本店のどこからどこまで使うというのは、すでに契約書に盛り込まれているんですか」

「そんな契約はありません。むしろヨドバシとそごう・西武とフォートレスが誠実協議をして、面積を決めるという話になっているんだから。それはまさに、これからの話し合い次第です」

フォートレスはすでに「決定事項」としてフロアプランをそごう・西武経営陣に提示しているというのに、井阪社長は「まだ決まっていない」と言う。労組には余計な情報を与えないという姿勢がありありと感じられた。

何が真実なのか。

苛立ちと不満が募った。

第4章　スーパー弁護士登場

そごう・西武の売却をめぐって株主代表訴訟を起こし、司法記者クラブで会見する河合弘之弁護士（＝中央、朝日新聞社提供）

バブル期を駆け抜けた辣腕弁護士

そこは見上げると首が痛くなるような超高層ビルだった。

ＪＲ四ツ谷駅の目の前という一等地に二〇二〇年に竣工《しゅんこう》したばかりの三一階建てのコモレ四谷タワー。

それまでにもいくつかの弁護士事務所を訪れたことはあったが、これほど大きなビルに入居する事務所ははじめてだ。一階にはワインバーやレストランなどが入居し、有名な通信アプリの会社もここに本社があるようだ。二〇二二年五月までわれわれの事務所があった二番町センタービルから四ツ谷駅を挟んで数百メートル、目と鼻の先くらいの近さで大規模な再開発が進んでいることは知っていたが、日本を代表する有名弁護士の事務所は、想像以上の威容だった。

事前に調べたところによると、在籍する弁護士の数は三〇人以上。企業法務案件を中心に、多数の案件を抱える大手事務所だ。

河合《かわい》弘之《ひろゆき》弁護士、七八歳。東京大学在学中に司法試験を突破し、数々の有名企業事件の代理人弁護士として法曹界では知らぬ者がいない存在である。

平和相互銀行事件で元検事・伊坂重昭に乗っ取られかけた創業家側につき、伊坂による会社整理の申し立てを撃退して名を上げた。

その後、戦闘機購入に絡んだ汚職、ダグラス・グラマン事件で日本側代理店の日商岩井の顧問として事件の対応にあたった。バブル経済の象徴となった名門商社・イトマンの顧問、バブル期に都心に多数のビルを所有した不動産企業・秀和の顧問、ダイエー創業者・中内㓛氏の顧問、ライフを創業した清水信次氏の顧問も務めている。

ずば抜けた頭脳の切れ味と法律知識をもとにバブル期前後のビジネス界で大活躍したが、挫折も味わった。その手腕を逆恨みした企業経営者に告発され、企業買収を仲介した案件で弁護士会から懲戒処分を受け、三ヵ月の活動停止を余儀なくされたのだ。

謹慎期間中、ヨーロッパ旅行などを経て今後を見据えた。帰国後も河合弁護士のもとには多くの相談が寄せられたが、次第に資本主義の論理のなかで立ち回っているだけでなく、本質的に重要なことはなんなのかと考えるようになったという。そこから環境問題、とくに原子力発電所の危険性について深く認識するようになる。

一九九六年、東京電力福島第一原子力発電所第三号機のプルサーマル発電を停止するよう求める仮処分命令の申し立てをする。

河合弁護士の「原発との闘い」は当初、連戦連敗だったが、二〇一一年の東日本大震災、福島第一原発の重大事故で大きな注目を集めるようになった。

現在の河合弁護士の仕事のうち、六割が「反原発」、残りの三～四割がビジネス関連だという。

バブル経済、そしてその崩壊期を通じて、資本市場の最先端でその盛衰を目にし、自ら経験してきた河合氏は、「原発を止める」という信念に生きる弁護士に変貌していた。

その超有名弁護士に、相談の時間をもらうことができた。われわれそごう・西武労働組合の闘いについて、河合弁護士はどういう反応をするだろうか。

緊張で身震いする思いだった。

取締役を訴えることはできるか

河合弁護士に連絡をとったのは、賭けのようなものだった。誰かの伝手や紹介ではなく、引き受けていただけるかどうかなんの確証も確信もなく、いわば「飛び込み」である。

そごう・西武労働組合は、旧西武百貨店労働組合時代からミレニアムリテイリンググループ労働組合を経て一貫して東京・永田町（現在は虎ノ門に移転）の奥川法律事務所に顧問をお願いし、いま現在も顧問契約を続けている。

二〇二二年秋、長く親身に相談に乗っていただいた奥川法律事務所創設者の奥川貴弥《おくかわたかや》先生がご病気で亡くなった。一報を耳にしたときの衝撃と痛恨は、いまも消えることがない。お別れの会では、長く労組をご支援いただいた感謝を込めて献花した。

その後は四名の比較的若い先生が事務所を引き継ぎ、丁寧で的確なアドバイスをいただいている。奥川法律事務所は伝統的に労働問題に強く、今回の株式売却に伴う労使交渉についても生前、奥川先生に「事務所全員で全力サポートします」と言っていただいていた。

しかし、労使問題に留まらず、会社の売却自体を差し止めたいということになると、M&Aや倒産事件など企業法務で豊富な経験を持つ事務所の助言もいただけたらと考えるようになっていた。

われわれの目的は、今回の会社売却のスキームが本当に最善なのか、進め方に問題はないのか、あらゆる手段を使って突き詰めることだ。

その結果として、今後そごう・西武の「事業の継続」も「雇用の維持」も成り立たない拙速な経営判断であることがはっきりすれば、会社売却の手続きを止める必要がある。

そのための戦術のひとつとして、売却差し止めを求める仮処分や裁判を提起する手もあるんじゃないかと労働組合のOBや、知人から示唆を受けていた。

専門書に目を通したり、ネット検索で調べたところによると、大手町や六本木に事務所を構え、数百人の弁護士が在籍する「ローファーム」と呼ばれる巨大事務所があり、今回のような大型の企業買収案件はほとんどそうしたローファームが独占しているようだ。ひとつの案件で一〇〇人近い弁護士がチームを組み、あらゆる書面に目を通し、法的な問題点を検討して、企業の売買を仲介するという。

事実、セブン&アイの顧問を務めるのは、一〇〇〇人近い弁護士を抱える日本最大のローファーム西村あさひ法律事務所で、弁護団を率いるのはそのなかでも「パートナー」と呼ばれる幹部弁護士の松浪信也《まつなみのぶや》氏だった。

この「最強事務所」が手掛ける買収案件を止めるには、どうすればいいのか。労働組合の合意のない売却、買収は不当だという一般論を主張するだけでは、到底勝ち目はないだろう。そごう・西武という会社が今回の売却でどれだけのダメージを受けるのか、この売却が経営的に見てどのくらい不当なのかをきちんと論証する必要がある。しかしそれには、西村あさひを論破できるだけの資料の読み込みや、法律的な理論武装が必要だった。

会社法に、「善管注意義務」という用語がある。取締役はこの義務に違反すると株主などから賠償を請求される可能性がある。

会社の買収、もしくは売却にあたっての善管注意義務違反とは、取締役として入手できる情報などに基づき、不合理でない判断ができていたかが問われるものである。今回の場合はセブン＆アイの取締役のうち、二〇二二年から新たに取締役になったメンバーらが十分な情報を与えられないまま、経営陣の誘導によってそごう・西武の売却に賛成したことを証明できれば、善管注意義務違反に問うことができる。

理屈としては成り立つのだが、現実に立証するのはきわめて難しいことが予想された。取締役が実際にどのような情報提供を受け、どのような判断に基づいて議案に賛成したのか、詳しい資料は当然会社側（セブン＆アイ）にしかなく、「不合理な判断」を証明するのは容易ではない。いわば圧倒的に「武器が少ない」闘いなのだ。

日本最大のローファーム、西村あさひを向こうに回して、立証が難しく、勝ち目の薄い裁判を引き受けてくれる弁護士など、本当にいるのだろうか。「裁判をしたら」とアドバイスをくれる諸先輩方も、「では誰に頼むか」という話になると「そうだよな……」とそこで話が途切れてしまう。

西村あさひ以外にも「ローファーム」と言われる事務所はいくつかあるが、弁護士費用は巨額になりそうだった。一人の弁護士に一時間相談すると数万円、大物弁護士となると一〇万円以上の相談料（タイムチャージ）が発生する。数人の弁護士と一、二時間の「相談」をしただけで軽く一〇〇万円が吹っ飛ぶ。とてもではないが労働組合の資金力では難しかった。

それでも一刻も早く、なにか手を打つ必要があると思った。

井阪社長はあくまでフォートレスにそごう・西武を売却する構えを崩していなかったし、先行する報道などによって徐々に明らかになってきた売却後の西武池袋本店のフロアプランも、事業継続や雇用の維持が見通せず、到底理解できるものではなかった。

二〇二二年末、そごう・西武の経営陣は上層階にヨドバシが、低層階に西武百貨店が入るという大まかな対案をフォートレスへ提案したようだが、まったく取り合ってもらえなかったと聞く。

後の報道によると、フォートレス側は中々話が前に進まないことに痺れを切らして、「とにかく早く引き渡してくださいよ、あとはこっちでやりますから」とセブン&アイの幹部に言っていたという。

フォートレスとセブン&アイの交渉が難航してそのまま頓挫するという「希望的観測」もあったが、一二月の四者会談（井阪社長・林社長・渡邊会長・寺岡）で井阪社長はあくまで「予定のスケジュール通り譲渡完了しますので」と話していた。

「エイチ・ツー・オーリテイリングに神戸、高槻の二店舗を承継したときは、デューデリジェンス（投資対象企業の資産価値査定）がまったくできていない状況で承継を発表し、その後にいろいろなプロジェクトチームを組んで資産査定をしていったので、時間がかかりました。今回は良くも悪くもここまで時間がかかって、デューデリまでの作業はもう終わっています。株式譲渡契約が済めばもう時間の問題で、十分二月の譲渡完了には間に合います」

埼玉の私の自宅に「夜回り」に来る新聞社、テレビ局の記者も増えて、事態は日に日に緊迫度を増していた。

記者たちは自宅のインターホンを鳴らさず、家の前に立って待っていて、私が帰宅すると寄ってきて声をかける。妻や娘には迷惑をかけたくないと思っていたが、まもなく妻が、「異変」に気づいた。

「最近誰かいるけど何?」

妻は仕事を終えたあと、学童保育に預けた娘を迎えに行って一緒に帰宅している。家のまわりに普段見たことがない人がスマホを見ながら立っていれば、気にならないはずがない。

「……ごめん、ちょっと騒がしくなる」

詳しい説明はしなくても、それで分かってくれたようだった。娘にも、「パパにお話を聞きたい人が来ているんだよ」と話した。

「何の話?」

「仕事の話だよ」

「パパって有名人なの?」

「うーん、その辺のユーチューバーよりは有名かもしれないね」

「その割にはテレビに出てないよ」

娘は毎日のようにテレビで子ども向けのＹｏｕＴｕｂｅ番組を流し観ていて、「有名人」といえばそこに登場する人である。一方そごう・西武売却のニュースは子どもが目にするような媒体にはまったく無縁だ。それでも娘は、徐々にそんな状況を面白がるようになっていた。

「今日もいたよ」

「パパに話を聞きに来た人？」

「うん」

「じゃあ、今度、家の前の物陰に誰かいたら教えてね。ＳＰＹ×ＦＡＭＩＬＹだからね」

「分かった！」

大好きなアニメ「ＳＰＹ×ＦＡＭＩＬＹ」のキャラクターになりきって、妻のスマホを使い、「今日いるよ」とＬＩＮＥで連絡をくれるようになった。

記者への対応には迷いがあった。そごう・西武の林社長ら会社側が取材を受けず、態度表明もしていない状況で、労働組合が前面に出るのがよいのか、どうか。組合事務所や家に取材に来る記者には可能な限り公平に接していたが、世論を味方につける意味でも、そろそろ私自身が表に出て取材を受け、労働組合としての意見を発表していかなければならないかもしれない、と考えはじめていた時期だった。

まずは一二月に日経新聞の取材を受け、その後各社の取材に応じた。労使双方の言い分を公平に扱うということなのか、大手紙はどこもいまひとつ踏み込みの弱い記事になっていたが、ダイヤモンド、東洋経済のような経済誌のスタンスは痛烈だった。

一月二三日から始まったダイヤモンド・オンラインの連載には、「セブン解体　池袋動乱編」というタイトルがつき、井阪社長の経営手法にはっきり疑問符をつけていた。冒頭でそごう・西武売却後の池袋本店のフロアプランを明かし、この案に「(豊島区、労組、テナントなど)主要プレーヤーが猛反発している」と書いている。

私もダイヤモンドの取材に応じ、この連載の第二回に記事が掲載されている。

セブン&アイ、井阪社長との協議の現状を報告し、労組として譲渡契約を了承していないこと、池袋本店がヨドバシになれば会社に壊滅的な打撃があることを伝え、「セブン&アイには建設的な意見交換をお願いしたいです」と締めた。

この記事はかなりのインパクトがあったようで、これをきっかけにOBや様々な関係者からお声がけいただくようになった。

ダイヤモンドの特集記事には「近づく井阪体制崩壊の足音」という見出しもあり、全体的に現体制に批判的なトーンでまとめられている。

そごう・西武売却を見る空気は徐々に変わりつつあったが、それでもまだまだ一般的な話題ではなく、関係者の間の関心事という域を出ていなかった。セブン&アイはフォートレスへの売却を諦める気配はなかった。

どうしたものか——そう考えているなかでぶち当たったのが、河合弘之弁護士の名前だった。

ビジネス弁護士として日本でも最強クラスの実績と、経験がある。しかし現在では「資本の論理」だけの社会に疑問を持ち、原発の廃止など社会問題に採算度外視で取り組んでおられるという。百貨店の存続と原発の是非ではかなり位相が違うなと一瞬頭をよぎったが、河合弁護士のホームページを見ると、そんな心配はすぐに頭から吹き飛んだ。

「本気ですれば大抵のことができる」

「本気ですれば何でも面白い」

「本気でしていると誰かが助けてくれる」

河合弁護士に長時間の取材を行ってその業績をまとめた本『逆襲弁護士　河合弘之』(大下英治著、さくら舎)にも目を通したが、圧倒的な知力とエネルギーを持つ破格の人だということがよく分かった。

この人なら、あるいは受けてくれるかもしれない。

この件、受けましょう

二月二一日に訪れた真新しいビルは中二階にオフィス入り口があり、行き先の階数別に多数のエレベーターが並んでいる。ざっと見たところ、少なくとも二〇基以上はありそうだった。この高層ビル全体でいったい何人が働いているのか想像もつかない。

事務所の受付には、所属する弁護士の名前を書いた金色のネームプレートが三〇以上も並び、傍らには古く立派な柱時計が置かれて独特の存在感を放っていた。

えらいところに来てしまった。

とりあえず河合弁護士に面会の時間をとってもらうことはできたが、本当に大丈夫だろうか。念のため約束の時間の二〇分前には着いていたが、ちょっと来るのが早すぎたかもしれない。

意を決して受付の電話をとり、河合弁護士のアポイントがある旨を伝えた。

通された応接室は物音ひとつしない静寂の空間で、どうにも落ち着かなかった。何度時計を見ても、時間の進むのが遅い。

「どうも、河合でございます」

　鮮やかな色のジャケットを着た河合弁護士が、移動用のキャリーバッグを引きずりながら時間通りにドアを開けた。眼光は深く、鋭いが、意外なほど丁寧な言葉遣い、柔らかな物腰だった。

「私こう見えても有名人なんですよ」

　こちらの緊張をほぐすような穏やかな笑顔で名刺を交換する。

「存じ上げています」

「私も寺岡さんのことはよく知っていますよ。ダイヤモンドにも出ていたでしょ。で、寺岡さんとしてはどうしたいんですか」

　いきなりど真ん中の直球が来た。

「われわれとしては、事業継続と雇用維持が見えない以上、このそごう・西武をフォートレスに売却するというディールをとにかくいったん白紙にしたいんです。それが一番です」

「なるほどね……。寺岡さんの言いたいことは分かりました」

　河合弁護士が間髪をいれずに即決された。

「この件、受けましょう」

「あ、ありがとうございます！」

「セブン&アイは説明してくれないんですか、それはいけませんね。会社のほうが圧倒的に強い立場ですからねー」

「は、はい」

「ご質問はありませんか」

「先生、引き受けていただいてとてもありがたいお話で、こちらから相談しておいて何なんですが、弁護費用の問題とかもありますよね。労働組合なので高額な弁護費用に耐えきれるかどうか、相当な額になると思うのですが」

「ボクは若いころさんざんカネ儲けをして、おカネに困ってないんだよ。いまは若いころに儲けた罪滅ぼしじゃないけど、世のため、人のために動いているんだ」

「…………」

「ボクは正義の味方になりたいんだよ。カネの問題じゃない。弁護費用は心配しなくていいですから」

河合弁護士は弁護費用のことなどまったく眼中にないようだった（もちろん正式に契約を結ぶまでは気が気でなかったのだが）。いつの間にか、すっかり河合弁護士のペースになっている。

「それで、交渉はいまどういう段階なの」

「セブン&アイと投資ファンドのフォートレス・インベストメント・グループの間で譲渡契約を結び、二月までに株式譲渡を実行する予定だったんですが延期されて、いまの段階では三月中に譲渡するとしています。三月九日にセブン&アイの取締役会が予定されており、場合によってはここで決議されてしまう可能性もあります」

「あと一週間ちょっとしかないじゃないか! いますぐ最新の状況を詳しく教えてください。すぐにとりかからないと。間に合わないと意味がなくなる」

「はい」

「とにかく一回(交渉の進行を)止めなきゃいけないな。裁判起こしていたら間に合わないから、差し止め請求して記者会見しよう」

「えっ、会見ですか?」

「うん。それと、大至急社員株主を探してください。OBもいたほうがいい。労働組合としては株を持ってないんでしょ?」

「はい、持っていません」

「そしたらやっぱり誰か株主を立てるしかないね。差し止め請求の原告になってくれる人を探さないと。一人いればまずは請求できますから。ただ、広く世の中に訴えるという意味で言うと、株主の数は多ければ多いほどいい。現役社員だけでなく、OBもこの売却に異議を申し立てているほうが世論に与えるインパクトは大きいよね。俺のふるさとをなくすなってね。だからできれば現役社員とＯＢの両方で株主を探してください」

「分かりました」

「今日はここまで、また近日中に打ち合わせをしましょう。何かあったら遠慮なく連絡くださいよ、ホットラインを作りましょう」

そう言って携帯電話番号を交換した。

ここから一気に、怒濤《どとう》の日々が始まることになる。

株主を探せ

池袋の労働組合事務所に戻り、すぐにメンバーへ株主を探すよう頼んだ。

同時に、そごう・西武ＯＢ会に連絡を入れて趣旨を説明し、ＯＢのなかで、セブン＆アイＨＤの株を持っていて、訴訟の原告になっていただける方がいないか相談した。幸いＯＢ会のリアクションはきわめて早く、安部雅博《あべまさひろ》会長を中心にすぐに動くと約束していただくことができた。

しかし、株主探しは思いのほか難航した。

ＯＢの株主は比較的簡単に見つかったが、問題は現役のほうだった。坂本、割石ら中央執行部のメンバーはそれぞれ一～二店舗ずつ担当の支部を持ち、現場の役員と常日頃から連絡をとり合っている。各店舗の労組支部役員と連絡をとり、セブン＆アイの株を持っている社員がいないか内々に、しかも大至急探ってもらうよう頼んだ。

その過程で、ひとつ頭の痛いことが判明する。個人でセブン＆アイの株を買う場合、会社の規定で、会社にその旨を事前申請することとされていた。おそらくほとんどの社員が、そのような規定を意識して株取引をしているとは思えないし、規定自体あまり知られていないはずだ。

仮に今回の訴訟の原告となってもらって、会社への申請がなく名前が表に出ると、株主になっていたことを申告しなかったとして懲罰委員会にかけられる可能性がある。そんなリスクを社員に背負ってもらうことはできないし、河合弁護士にも相談したが、「それはまずいな」という判断であった。

もうひとつの現役社員株主の可能性は、社員持ち株会だった。そごう・西武の社員はセブン＆アイの持ち株会に入っておらず、株の割り当てはなかったが、唯一の例外がロビンソン百貨店の出身者である。

ロビンソン百貨店は、一九八四年にイトーヨーカ堂がアメリカの流通大手Ｊ．Ｗ．ロビンソン社と提携して創業したデパートで、春日部に一号店を開店し、宇都宮、小田原、札幌にも進出した。浅草の洋品店から出発したイトーヨーカ堂は、百貨店事業への進出を悲願としていた。ロビンソン百貨店はそのための足がかりとしようとした会社である。

セブン＆アイがそごう・西武を買収して傘下として以降、ロビンソン百貨店はそごう・西武と統合し、ロビンソンの春日部店、小田原店は二〇一三年、西武百貨店に屋号変更した。

その後、残念ながら春日部店は二〇一六年、小田原店は二〇一八年に営業終了したが、ロビンソン百貨店出身の社員はいまもそごう・西武にかなりの数在籍している。そのなかから、訴訟に協力してくれる方が声を上げてくれた。

ただ厳密に言うと、持ち株会の会員が株主代表訴訟の原告になれるかどうかは議論が分かれる。会社側の株主名簿には「持ち株会」として記録されており、メンバー一人ひとりの名前まで株主として登録されているわけではない。この点は訴訟の過程でセブン＆アイ側から繰り返し「その名前の株主は見当たらない」と指摘され、問題にされることになる。百戦錬磨の河合弁護士は、もちろんはじめからそのリスクは承知していたが、配当金の受取証明などを提出することで株主としての資格を主張できる、と判断した。

こうして、現役社員一人、ＯＢ一人の「原告」を短期間になんとか揃えることができた。

三日後、ＯＢ会の安部会長とともに河合弁護士のもとを訪ねた。前回と同じ応接室に入ると、すでに河合弁護士を含め六人の弁護士が並んでいる。

「寺岡さん、このメンバーで担当しますから」

驚いている暇もないほど急激な展開だった。これだけの態勢で訴訟に臨んでいただけるのは本当にありがたい話だが、内心、心配もあった。河合弁護士は「弁護費用は心配するな」と仰っていたが、ほかの弁護士はそうもいかないだろう。全部でいくらお支払いすればいいのか……。

そんな私の心配をよそに、河合弁護士は今日も落ち着き払っている。安部会長に、ＯＢとしてどのような思いを持っているのか確かめ、「現役社員の力になりたい」という気持ちを汲み取って、河合弁護士は、

「一緒に闘いましょう」

と力強い言葉を口にされた。いまのところ、セブン&アイ側の動きに以前と変わった様子はない。

「とにかく、一刻も早く申し立てをしましょう」

というのが河合弁護士の方針だった。

「それと、記者会見やりますから」

「すみません、会場の手配とか、誰を呼ぶとか、どうしたら良いのでしょうか」

「大丈夫、司法クラブに言えばすぐだから。裁判所の中に会見場がありますから」

「そうですか……」

あとで聞くと、東京地方裁判所の司法記者クラブ内に常設の会見場があり、そこでやるのだという。そんな急に会見を開いて、誰も取材に来てくれなかったらどうするのだろう。河合弁護士が慌ただしく退室されたあと、弁護士のお一人に聞いてみた。

「大丈夫です、河合がやっている裁判だと言えば二〇人くらいはすぐ集まりますから」

仮処分命令の申し立てを三日後に行い、実際に会見の予約を入れるという。

なにもかもが、事前の想像をはるかに超えていた。どこまですごい先生なんだろう……われわれとの打ち合わせと同時進行で、株主の方の委任状申請など必要書類のやり取りが進んでいるという。

ここまで来たら、信じてお任せするしかない。

一気に「戦闘開始」モードに入った河合弁護士とさくら共同法律事務所の先生方の働きぶりは、驚異的としか表現のしようがなかった。

カネでもない、名誉でもない

タイムリミットはセブン＆アイの定例の取締役会が予定されている三月九日。さらにその一週間前の三月二日には、取締役に対し事前に決議事項などを説明する会が設定されている。なんとしても二月中に差し止めの仮処分命令申立書を出す必要があるというのが河合弁護士の判断だった。記者会見もその日に開くという。

この信じがたいスケジュールの作業を、河合弁護士のチームは本当に遂行した。いま思い返しても現実感がないほどギリギリの、綱渡りの日程だった。ＯＢ、現役社員株主の方から預かった書類を差し止め請求の申し立て当日の午前中に届け、ようやくすべての必要書類が揃った。夕方再び弁護団に合流し、裁判所に同行して会見に臨んだ。

この日、河合弁護士のチームが提出した仮処分命令申立書を見ると、わずか数日の間に書かれたとは思えないほど充実した内容に驚く。

申立書はＡ４判で一八ページにのぼり、今回のそごう・西武売却が取引先や従業員、地方自治体、顧客との信頼関係を著しく低下させるものであることを指摘している。

取引先や従業員、顧客との信頼関係についてはこれまで述べてきた通りだが、「地方自治体との関係」とは、豊島区の高野之夫《たかのゆきお》前区長の言動を念頭に置いたものである。池袋で生まれ育った高野氏は、立教大学卒業後生家の古書店を継ぎ、区議、都議を経て区長となった。豊島区の財政破綻危機（一九九九年）や消滅可能性都市への指定（二〇一四年）を乗り越え、国際アート・カルチャー都市構想を打ち出して「文化によるまちづくり」を進めた。そごう・西武もこれに連携して街を活性化させる様々な取り組みを行ってきた。

その高野氏は、駅に直結する低層階が百貨店からヨドバシカメラになってしまうことを強く危惧していた。西武百貨店の地権者の西武ホールディングスに区長として池袋本店の存続を要望する嘆願書を提出し、二〇二二年一二月の定例会見では「西武池袋本店は池袋の顔であり、街の玄関です。家電量販店は西武池袋本店の低層階に入ってほしくない。絶対に阻止したい」とまで述べ、われわれにとっては意外な応援団の登場だった。

高野氏だけではない。

クレディセゾン労組が旗振り役となって「そごう・西武労働組合の活動に賛同します」という署名活動を行い、西友労組、良品計画労組、コンパスグループ・ジャパン（旧西洋フードシステムズ）労組、シェルガーデン労組、吉野家ユニオンなど旧セゾングループの友好労組が一月二〇日に二万六八五四筆、一月三一日には追加分の七六〇四筆の署名を集めていた。

なかでもとくに、全国展開している西友の組織力の高さと、シェルガーデン労組の鳥羽田亮委員長の言葉には励まされた。

「いまの育ての親はセブンかもしれないが、産みの親は西武百貨店だということは変わらない」

シェルガーデンはこの時期、微妙な立ち位置にいたにもかかわらず、「恩に報いる」と活動していただいたことに、男気を感じた。

各地域主要百貨店一三社の労働組合委員長も、髙島屋の西嶋委員長が一人ひとり丁寧に呼びかけ署名入りの要請書をセブン&アイ・ホールディングスへ提出してくれた。

河合弁護士率いるさくら共同の弁護団は、こうした旧セゾン各社、同業他社、地元の支持を申立書に織り込んでまとめてくださった。

さらに今回の会社売却による「財産的損害」として、池袋本店、所沢店、千葉店、渋谷ロフト館、大宮店、広島店、福井店など保有不動産の価値をひとつひとつ算出し、その合計が約三八〇〇億円にものぼることを示してセブン&アイが交渉している売却額は大幅な安値であることを論証した。

この申立書をまとめるのに、六人の弁護団が短時間にどれほどのエネルギーを注いでいただいたのか、おそらくろくに睡眠時間もとっていないのではないか。

なかでも凄まじいのは河合弁護士だ。いつも大量の資料が詰まったキャリーバッグを片手

郵便はがき

112-8731

料金受取人払郵便

小石川局承認

1162

差出有効期間
2026年9月9日
まで

東京都文京区音羽二丁目
十二番二十一号

講談社
第一事業本部企画部
ノンフィクション
編集チーム 行

★この本についてお気づきの点、ご感想などをお教え下さい。
(このハガキに記述していただく内容には、住所、氏名、年齢などの個人情報が含まれています。個人情報保護の観点から、ハガキは通常当出版部内のみで読ませていただきますが、この本の著者に回送することを許諾される場合は下記「許諾する」の欄を丸で囲んで下さい。

このハガキを著者に回送することを　許諾する　・　許諾しない)

TY 000077-2406

愛読者カード

今後の出版企画の参考にいたしたく存じます。ご記入のうえご投函ください（2026 年 9 月 9 日までは切手不要です）。

お買い上げいただいた書籍の題名

a　ご住所　〒□□□-□□□□

b　お名前《(ふりがな)》

c　年齢（　　　）歳

d　性別　1 男性 2 女性

e　ご職業（複数可）　1 学生　2 教職員　3 公務員　4 会社員(事務系)　5 会社員(技術系)　6 エンジニア　7 会社役員　8 団体職員　9 団体役員　10 会社オーナー　11研究職　12 フリーランス　13 サービス業　14商工業　15自営業　16農林漁業　17主婦　18家事手伝い　19ボランティア　20 無職　21その他（　　　）

f　いつもご覧になるテレビ番組、ウェブサイト、ＳＮＳをお教えください。いくつでも。

g　最近おもしろかった本の書名をお教えください。いくつでも。

に移動し、スケジュールは分刻み、リモート会議の最中にかかってきた電話に対応してまたたく間に指示も出す。

弁護団チームの窓口役になっていただいている佐藤和樹弁護士、北村賢二郎弁護士が、「うちの事務所には三〇人ほどの弁護士がいますけど、誰が一番働いているかといえば河合なんですよ」と言っていたが、本当にそうなんだろう。

四谷の事務所から霞が関の裁判所までタクシーに同乗したときは若手の弁護士よりも速く河合弁護士が走り、自分で手を上げてタクシーを停めて乗り込むと、「こっちの道のほうが近いから」などと指示していた。

それでいて決して偉ぶったりすることはなく、毎回、打ち合わせが終わると必ず河合弁護士はじめ皆さんがエレベーターホールまで見送りに出てきてくださる。エレベーターのドアが閉まる瞬間まで笑顔で挨拶される姿に、心から頭の下がる思いだった。

ようやく見つかった株主の方を河合弁護士にご紹介した際は、「あなたが名乗り出ていただいたおかげで申し立てができました。ありがとう」と丁寧に握手しながら挨拶されていた。

カネでもない。名誉でもない。河合弁護士は、今回の案件を心意気だけで引き受けてくださっている。背中を見せるとはこういうことか――折に触れ、そう感じていた。

会社売却差し止めを求める仮処分命令申立書を東京地方裁判所に提出した二月二七日、OB株主と安部会長、私は河合弁護士に伴われて東京地裁に向かった。入り口には空港に設置されているような金属探知機があり、警備員が来庁者をチェックしている。一般来庁者と弁護士は入り口が分けられている。

警備員のいるポイントを抜け、エレベーターホールからさらに奥に進むと、向かって左側に中二階に向かう階段がある。その階段を上ってドアを開けた先に、三〇人くらいが入れる記者会見場があり、その奥に裁判所に詰める新聞、テレビの記者たちの記者クラブがあった。裁判の判決があればよくテレビで映るあの場所だ。

この日、会見に臨むのは河合、北村賢二郎両弁護士とOB株主、安部OB会長、そして私の計五名。当然、差し止めの「原告」になっている株主と両弁護士が真ん中に座るものと思っていたら、河合弁護士は真ん中の席を指さしていた。

「今日は寺岡さんが主役だから」

表情はにこやかだが、有無を言わさない目力がある。

今日は株主を原告とする仮処分請求の会見だから、主役は当然株主だと思っていた。事前に新聞やテレビにお名前、顔が出ることに問題がないかどうか意思の確認までしていたが、河合弁護士はいきなり私を「主役」に指名した。

端に座って会見の成り行きを見守り、もし何か質問が来た場合は答えようくらいに思っていたから、心の準備が間に合わない。しかし、そんなことを言っている場合ではないのだと瞬時に悟った。

新聞、テレビの記者はいつも自宅前に来ていてその対応にはある程度慣れていたし、日経新聞やダイヤモンドの取材を受け、労働組合委員長として何を話すべきか自分なりに整理されてきていた。

ただ、今日の会見場を見ると知っている顔がほとんどいない。どうやらいつもの経済部系の記者ではなく、社会部の記者たちのようだ。経済部系とはどことなく違った、事件や事故を追っている記者特有のやや殺伐とした雰囲気を感じた。

記者会見では冒頭、河合弁護士が、今回の仮処分命令申し立てについて簡単に説明した。幹事社を通じ、それぞれの記者には事前に内容を要約した文書が配付されている。

私は緊張でガチガチだったが、ふと右隣を見ると、河合弁護士はマスクを半分ずり下げ、いつも通りの様子で今回の申し立ての意義を力説している。躊躇がなく、ずばりとあけすけなもの言いで、ときに記者たちの笑いを誘いながら、あっという間に場の雰囲気を支配してしまった。テレビカメラが入っているので、私もつられて笑わないようこらえるのに苦労した。

「差し止めはすでに請求されたのですか、これからするのですか」

そう質問されているまさにそのタイミングで会見場の河合弁護士の手元に受理番号が届き、

「いま受理されました」

と報告する場面もあった。そのくらいギリギリ、ドタバタの仮処分請求だったのだ。

原告となったＯＢ株主の発言のあと、私にも二つほど質問があったが、ごく簡単な事実関係の確認で返答に窮することはなかった。

このあと、この裁判所の会見場では三月二三日、三〇日、四月五日、一八日と合計五回にわたって会見している。「河合の事件なら、人は集まるから」という佐藤弁護士の言葉は本当だった。

河合弁護士は一度目の会見のときはグレーのスーツにネクタイ姿だったが、二回目、三回目はお気に入りのピンクのジャケットを羽織り、ひときわ目立っていた。誰かに遠慮することもないし、何も怖いものはないのだろう。何度目の会見のときだったか、河合弁護士が弁護士バッジを持参するのを忘れて、入り口のセキュリティゲートで「一般来庁者」のほうにまわるよう警備員に言われたことがある。

「昔は『俺は河合だ』って言えば顔パスで通れたんだけどな」

そうつぶやいていた。たぶん、その通りなのだろう。何度か会見を経験するうち、「場の雰囲気」に慣れ、平常心で受け答えできるようになっていった。

この経験が、半年後のストライキのときに生きてくることになる。

三月に入って、新たな情報が入ってきた。セブン＆アイは、九日の取締役会での売却決議をしないという。二日に予定されている事前の意見交換会でも売却案件が入っていないことが分かった。当面「最悪の事態」は避けられ、ひと安心だが、それでも三月中のどこかで臨時取締役会を設定し、「三月中」と発表している売却を決議するかもしれない。まだまだ気は抜けなかった。

一方で河合弁護士は、新たな訴訟戦術を練っていた。

二月二七日に申し立てをした売却差し止めの仮処分の判断は、早晩裁判所から出てくるだろう。その後は売却差し止めを求める訴訟に移行する可能性が高い。

その訴訟のほかにもう一件、訴訟を提起するというのである。今回の売却によってセブン＆アイには明らかな金銭的な損害が生じるから、それに対して株主として賠償を請求するものだった。

会社売却の停止を求める訴訟と、売却に伴う損害の補償を求める訴訟の二本立てとすることで、セブン&アイの経営陣の逃げ場をなくしていくというのが河合弁護士の説明だった。もちろん異存はないが、少しだけ心配だったのは、訴訟を二本とすることで弁護費用が二倍になるのではないかということだ。一応確認すると、

「弁護費用はいらない。二本立てにするのはこっちの作戦だから」

と煙に巻かれてしまった。

河合弁護士らのチームは三月九日の取締役会を前に、セブン&アイの社外取締役全員に「警告書」を送付している。取締役会でそごう・西武の売却に反対するよう求め、もし賛成した場合、株主代表訴訟の被告となる可能性があると通告した。

経営側から誤った情報を与えられて賛成に回ったとしても、取締役としての責任は免れないと逃げ道をふさいでいる。

〈社内の専門部署や外部の専門家の見解を信頼したことが免責事由にならないことは、役員個人に一三兆三二一〇億円もの損害賠償責任を認めた東京電力株主代表訴訟の判決からもお判りになると思います〉

この巨額賠償判決を引き出した当人——それはもちろん、河合弁護士である。警告書を受け取った社外取締役は、背筋が寒いどころでは済まないだろう。一人一兆円の賠償など、払

えるはずがない。自己破産するしかないのだ。

河合弁護士は取締役だけでなく、セブン＆アイの監査役五人にも「取締役に対する責任追及訴訟提起請求書」を送っている。

今回のような、会社に損害を与える契約の締結を決議したセブン＆アイの取締役に対して訴訟を提起し、その責任を追及するよう求める文書である。それが監査役としての義務だという。

恐ろしいほどの用意周到さだった。

渾身の訴状

二月二七日に申し立てていた売却差し止めの仮処分命令は三月二〇日に裁判所の判断が下り、こちらの申し立ては棄却された。

きわめて短い時間で、かつ材料の乏しいなかでの仮処分申し立てだったので、棄却は予想の範囲内ではあった。二三日にふたたび記者会見をし、即時抗告を行うことを発表した。何度も会見したのは、できるだけ情報をオープンにして世論の支持を得るためでもあった。

「『いまさら百貨店なんかダメだ』とかそんなことを言っちゃいけないんです。長い年月をかけて培ってきた百貨店文化と、それを愛する従業員や顧客を、ないがしろにするようなセブン&アイの態度を認めてはいけないんです」

会見で河合弁護士は高野前区長の言葉を引用して仮処分命令申し立ての意義を説明した。「百貨店」という文化――。それは実質的な西武百貨店の創業者である堤清二の理念でもあったし、西武という会社に憧れ、その社風に誇りを持って働いてきた私たち社員、そしてOBの思いでもあった。

こんな短期間に、河合弁護士が百貨店文化の根幹を感じていただいていることが驚きであり、うれしくもあった。

セブン&アイの経営側もかなり混乱しているようだった。三月中としていた売却期限前日の三月三〇日、売却を再延期すると発表した。しかも今回は、期限を定めない無期限の延期だという。

この一報に、内心ホッとする気持ちもあった。

われわれ労働組合だけでなく、地元の豊島区も、そして西武ホールディングスも今回の売却に納得していない。とりわけ西武ホールディングスの反対がネックになっていると思われた。西武池袋本店の建物の所有権はそごう・西武にあるが、地権者の大部分は西武ホールディングスで、その同意が得られなければ建物を改装してヨドバシカメラが営業することはできない。

このまま交渉が難航すれば、「破談」の可能性もあると思っていた。われわれ労働組合だけでなくそごう・西武の林社長もそんな想定をしていた。

とはいえ、百戦錬磨の河合弁護士がそんなことで手を緩めるはずがない。

四月一八日には売却差し止めを求める訴えを東京地裁に起こし、五月一七日には会社売却による損害の賠償を求める株主代表訴訟を起こした。予定通り、二本立ての裁判としたのである。売却が無期限延期されたこと、さらに二本の訴訟を提起したことから、仮処分の即時抗告は取り下げた。

四月一八日付の訴状はA4二八ページに及ぶ。今回のそごう・西武売却の問題点について、きわめて重要な論点が網羅されているので、長くなるが引用したい。

請求の趣旨

被告らは、（中略）2022年11月11日付締結の株式譲渡契約に基づく株式譲渡を実行してはならない。

請求の理由（中略）

本件株式譲渡は、被告らにおいて、百貨店事業が実質的に継続し得ない西武池袋本店の「フロアプラン」を許容するものであり、セブン&アイHDグループの従業員たるそごう・西武の従業員が職場を失い、実質的に解雇されることと同等の結果が生じることの蓋然性を確定的ではないにしろ認識・許容したうえでなされたものである。

（中略）

家電量販店の店員と百貨店の店員とでは、必要とされるスキルや経験は全く異質である。仮に再教育を施すとしても、ヨドバシカメラで通用する百貨店従業員は、ごく一部にすぎないことは自明である。

このように、そごう・西武の従業員の雇用を維持するためには、従業員のスキルや経験を生かせる「売場」の存続が必須である。（中略）債務超過に陥った場合の再生案件（民事再生、会社更生）においてすら、判例上、整理解雇の4つの要件を満たさなければ解雇は認められない。

（中略）

このフロアプランは、ヨドバシカメラの中核店舗である秋葉原マルチメディア館とほぼ同様であり、もはや百貨店とは言い難い。すなわち、百貨店従業員がスキルと経験を生かせる「売場」はもはや存在しないに等しい。

（中略）

かかる事態を受け、そごう・西武の労働組合は２０２２年11月22日、フォートレスに送付した「そごう・西武株式譲渡契約締結の件（意見書）」で「店舗の主要部分をヨドバシカメラが占めれば既存顧客や主要取引先を一気に失い、雇用が守れるとは到底思えない」旨述べている。

（中略）

本件株式譲渡は、（中略）セブン＆アイＨＤの取締役会で決定され、西武ＨＤへの本件株式譲渡の説明がなされたのは本件株式譲渡契約締結後の２０２２年11月中旬であった。しかも、セブン＆アイＨＤが西武ＨＤに提示した本件株式譲渡に伴り西武池袋本店のリニューアル案は暫定案に過ぎないものだったことも相まって、西武ＨＤから「交渉の進め方が強引で、失礼だ」として突き返されており、西武ＨＤの合意か得られる見通しは立っていない。

（中略）

そごう・西武労組はセブン＆アイＨＤの経営陣に対して百貨店事業の継続及び雇用の維持について事前協議を行いたい旨再三申し入れていた。しかし、そごう・西武労組がセブン＆アイＨＤの社外取締役や監査役に２０２２年９月末に書状を出したことで、労使間で（中略）協議が全く進んでいないことが明確に認識されるに至っている。

つまり、そごう・西武とフォートレス間の雇用確保に関する合意形成に重要な影響を及ぼすそごう・西武労組の了承や理解を得るための事前協議はほとんどなされていない。

（中略）

セブン&アイＨＤの役員らにおいて、最終的な契約内容が閲覧できる状況になったのは取締役会当日であった。契約書は１００頁を超えるような膨大なものであり、理解するには長時間を要するものであった。さらに、本件株式譲渡の契約書は、英語で作成されたうえ、その日本語訳には不適切又は不十分な箇所が散見されるものであった。そのため、セブン&アイＨＤの社外取締役らは本件株式譲渡契約の内容について何らまともな説明を受けていなかった。

（中略）

以上述べてきたとおり、本件株式譲渡が実行（クロージング）されれば、セブン&アイＨＤには、金銭賠償不能な回復することができない財産的損害、並びに、重大な法令違反による信用低下、取引先との信頼関係毀損に伴う企業の信用低下、雇用の喪失に伴う企業の信用低下、自治体との信頼関係毀損に伴う企業の信用低下及び最高立地の喪失という回復が相当に困難な非財産的損害という「回復することができない損害」が生じるおそれがある。

わずか一ヵ月半の間にこれだけの書面をまとめてくださったパワーとエネルギーに、私もかなり影響を受けていた。そごう・西武の売却を止めるために、やれることはまだある。やれることはすべてやろう。やりきろう。その姿勢を貫こうと思った。

「寺岡くん、これは勝ち負けじゃないんだよ。いかに世論を味方につけるかだから。セブン&アイがそごう・西武労働組合にどれだけ不誠実な対応をしているかということを世に知らしめて、どれだけ多くの人が苦しんでいるかということ。その事実を、広く知ってもらうことが大事なんだよ。だからいまは従業員だけじゃなくて、OB会も『俺のふるさとをどうするつもりなんだ』とか、あらゆる方面から訴えかけるのがいいんだよ。

これから君たちはセブン&アイ・ホールディングスと対峙するかもしれないし、仮に株式譲渡が成立すれば、フォートレスという海外ファンドとも対峙することになる。そのとき労働組合が単独で闘うのと、世の中が味方について闘うのとでは全然違うんだよ」

河合弁護士の言葉は、本当にその通りだ。

さらに、いつの間にかそごう・西武の株式譲渡契約書の一部をどこからか入手し、「この契約書を見る限り、完全に売り手が不利な契約条項がいっぱい入っている。どうしてこんな条項になっているんだ？　セブン＆アイ・ホールディングスは、とにかく売り逃げたかっただけなのか？」と驚いていた。

心残りなのは、今回の仮処分命令申し立てと訴訟に尽力し、記者会見にも出席していただいたそごう・西武ＯＢ会長の安部雅博会長が二〇二四年三月に他界され、訴訟の結末をご報告できなかったことだ。

訴訟からストライキ、デモ行進へと進んだ嵐のような日々を乗り越えたことを労い、「今後も頑張って」とエールをいただいたのが最後になってしまった。その後体調を崩され、帰らぬ人となった。われわれ現役世代の活動をずっとご支援いただき、励ましつづけてくださった。最後の最後まで心労をおかけしてしまい、きちんとした形で感謝の言葉をお伝えできなかったことが、いまも悔やまれる。

もう一人心残りなのが、前豊島区長の高野之夫さんだ。

思わぬ形で「低層階へのヨドバシカメラ入居反対」を明言され、われわれには最大の援軍となっていた。

一二月にダイヤモンド・オンラインの取材を受けた際には、同じ連載で高野さんも取材に応じていると聞いていた。体調の悪いなか「ベッドの上からでも取材に応じる」と言われていたと聞き、私も中途半端な話はできないと覚悟を新たにした。

区長はその後新型コロナウイルスに感染され、さらに肺炎を併発されて長期入院されていると聞いていた。

一度、なんらかの形でお会いしたいと機会を探っていたが、私自身も妻と娘がコロナウイルスに感染し、濃厚接触者として自宅待機を余儀なくされていた。妻や娘と生活圏を分け、娘の部屋に一人閉じこもりながら、高野区長に宛てた手紙をつづった。区長の行動に励まされ、背中を押されたことにひと言、お礼を伝えたかった。

自宅の二階から遠い空を見つめながら、高野区長に思いが伝わるように祈った。区長はその後、一度は退院されたものの、容体が急変し二月九日に亡くなられた。

2023年2月に急逝した豊島区の高野之夫区長（時事通信社提供）

ダイヤモンド・オンラインの記事は無事発表されたが、三月に同じ内容が週刊ダイヤモンドに掲載されたときには、高野区長の記事には「追悼インタビュー」というタイトルがつけられていた。

区長の没後、秘書の方から「区長は寺岡さんから手紙をいただいて非常に感銘を受け、『もう一度頑張りたい』という思いを強くされていましたよ」とメッセージをもらい、感激で胸が熱くなった。

高野区長がお元気だったら、会社の売却交渉の行方も違ったものになっていたかもしれない。区長の遺志を継いで、われわれが頑張りつづけるほかない。

デモでもストでもやればいい

被告となったセブン&アイ経営陣は、虎ノ門第一法律事務所の菅弘一《かんこういち》弁護士を代理人として選任した。今回のように経営陣個人が被告とされた場合、会社と利害が対立する可能性もあり、顧問先の西村あさひには頼めない。それで菅弁護士を顧問としたのである。

菅氏は森友学園をめぐる財務省の公文書改竄《かいざん》問題で佐川宣寿《さがわのぶひさ》・元財務省理財局長の代理人を務めたことで知られる有名弁護士で、河合弁護士との法廷闘争は凄まじいハイレベルなものになることが予想された。

訴訟の打ち合わせや会見の準備など、河合弁護士とお会いする機会が増え、いままで自分がいかに小さな範囲でものを考えていたか痛感させられた。

「寺岡くん、これからは世論に訴えるんだから、デモでもストライキでもなんでもやればいいんだよ」

「ストって、先生……そんなに簡単にはできないです」

河合弁護士に相談に行く前は、ストを現実的な選択肢として考えたことはなかった。

「ストなんかやって、何かメリットはあるのか」

「お客さまに迷惑をかけるだけじゃないか」

「売り上げをなくすだけ」――現場で働く組合員にはストに対してそうした否定的な意見が多かったし、私自身もストやデモが労働者のエゴであるような印象があって、どうしても積極的な気持ちになれなかった。しかし、河合弁護士と話すうち、それほど重く捉えなくてもいいのかもしれないと思えるようになってきた。

「そんな大げさに考えなくていいんだよ。『ストやります』って宣言して、　分だけシャッターを下ろしておきゃいいんだ」

「…………」

「西武池袋本店のシャッターが下りているというだけで大きなニュースになるんだ。一日中閉めている必要性なんてないんだよ。一回閉めたという事実を残せばいいから」

顧問をお願いしている奥川法律事務所の弁護士も、ストは選択肢のひとつだという。

「全員投票をしてスト権が確立できれば、すぐにでもストが起こせるようになっちゃうんです。現時点で実際にストをするイメージがないとしても、『もし実際にストをするとしたら、こういうことになるよ』ということは組合員に提示しておいたほうがいいでしょうね」

そごう・西武売却は再延期されたが、情報開示に消極的で組合員と真正面から向き合おうとしないセブン&アイの態度は変わっていない。河合弁護士が訴状に書かれているように、いくら井阪社長が「雇用を守る」と言っても、そこには「最大限」という制約がついた話であるうえ、どう守るかの具体的な対応策が語られていない以上、完全雇用を訴えつづける以外に選択肢はない。

これまで、二八店舗から一〇店舗になるまでの間に痛みを伴う営業終了、閉店を何度も受け入れてきた。労働組合として、いっさいのリストラを受け入れないと主張しているわけではない。

ただ、われわれ百貨店で働く人間には百貨店人としてのプライドがある。長年培ってきたスキルと経験がある。百貨店という「文化」に対する思いがある。

コンビニの店長や、ゴルフ場の支配人、ホテルのフロントで働く人たちがそれぞれにプライドを持ち、思い入れを持って働いているように、われわれ百貨店人にも百貨店人としての思いがある。

営利企業の社員である以上プライドで仕事ができるわけではないことは十分承知している

が、小売業で働くうえで心の持ちよう、モチベーションは必要不可欠な要素でもある。

ストライキに踏み切る決断はまったくできていなかったが、準備だけはしておこうと思った。できることはなんでもしよう。その第一歩として、奥川法律事務所の弁護士に旬報法律事務所の棗一郎先生を紹介していただくことを決断した。もう迷っている場合ではないと思ったのだ。

棗先生は、ウーバーイーツユニオン団交拒否不当労働行為救済申立事件の組合代理人などを務めた、ストライキなど労働事件の第一人者である。リーマンショックやコロナ禍での年越し派遣村、相談村のメンバーでもある。

会社売却阻止では河合弁護士、ストライキでは棗弁護士、そして顧問に奥川法律事務所と、「最強の布陣」が揃った。

河合弁護士から教えていただいたのは、法律知識や戦術論だけではない。もっとも大切なことは、やると決めたことはどんなことがあってもやり抜く意志の力だ。

あれだけの人が、あれだけの熱意と集中力で取り組んでいる。自分も自分にできることはなんでもやろう——あらためてそう思った。

このころ、激励、陣中見舞いの手紙をいただいたのが早川久則さんである。早川さんはセゾングループ解体の危機に直面していた一九九九年当時、西武百貨店労組の委員長として苦闘された。

私の机の引き出しにいつも入れている「組合専従役員の心得」という文書の冒頭には、「自らの行動で答えを出そう」と書かれている。判断に悩み、立ち止まったとき、いつも読み返していたバイブルのような言葉だ。この文書を取りまとめたのが、早川さんである。以来代々組合役員に受け継がれてきた。その早川さんご本人が、「最後は自身が後悔しない行動をしていただきたい」と直接エールを送ってくださった。

二〇〇三年の西武百貨店私的整理のときに委員長を務めた平塚大輔さんからも、「何事もやらずに後悔はするな、どうせならやってみろ」とアドバイスをいただいていた。平塚さんには最後の最後まで、アドバイスを送っていただき、支え、励ましていただいた。

多くの方に背中を押していただいていた。

六月二三日には労働組合の臨時中央大会に臨んだ。運命のめぐりあわせか、会場はコモレ四谷――さくら共同法律事務所が入居しているビルの三階にある貸会議室に設定された。

大会では組合員の間でストライキには否定的な空気感が強いことはもちろん感じていたが、委員長として一歩踏み出す発言もしている。

「『部分スト』としてシャッターを一、二分だけ閉め、開店時間を遅らせるということも考えています」

スト決行を決断していたわけではもちろんないが、自分のなかでは、ストけまったくのタブーではなくなっていた。

七月、全組合員を対象にスト権投票を実施。

一人でも多くの組合員と直接向き合い、執行部の考え、私の思いを正確に伝えるため、一〇店舗の支部すべてを回った。

結果、九三・九パーセントの賛成を得て、そごう・西武労働組合はスト権を確立し、記者会見を開いてその旨を報告した。

このときの記者会見には、厚生労働省の方も出席されていた。国の監督官庁も、ストライキの有無に関心を寄せているようだ。

翌日、移動の山手線内でふと車内ビジョンに目をやると、前日の会見の様子を報じるニュース映像が流れた。私の顔が大写しになった瞬間、まわりの乗客がすべてこちらを見ているような気がして、固まってしまった。

事態は、社会全体の関心事になりつつあった。

第5章 敵か味方か

2016年から2023年までそごう・西武の
社長を務めた林拓二氏（時事通信社提供）

俺が風除けになる

そごう・西武の林拓二社長は、歴代の社長とは違うタイプだった。堤清二氏が長年、カリスマとして君臨したこともあり、とくに西武百貨店では「俺についてこい」という独断、カリスマ型のトップが多かったように思う。しかし林社長は真逆で、争いは好まず、物事はすべて平和に、話し合いで解決しようというタイプの人だった。

少なくとも私や労働組合に対しては高圧的な、押し付けるようなもの言いをすることはなく、相手の話を聞く人という印象を持っていた。だから就任当時から社長のことを悪く言う人はあまりいなかった。ただその分、言いたいことをはっきり言わない、というか独特の言い回しが難解、誤解を恐れず言えば優柔不断に映る側面もあるように感じていた。

「セブン&アイに強い自己主張をすれば自分は解任され、親会社の人間がそごう・西武に乗り込んできて好きなようにやられてしまうだろう」

ということが常に念頭にあり、自分が社長の立場でいることで、そうした「最悪の事態」になることを避けられている、という意識があったように見受けられた。

二〇二二年一月末にそごう・西武の売却方針が報じられて以降、私は約四〇回にわたって林社長と一対一での面談を重ねてきた。様々な報道が五月雨式に先行し、その都度確認すべきことが多かったためだ。

秘書室経由でアポイントを依頼し、承諾が得られれば西武池袋本店書籍館六階の組合事務所から本部社長室へ階段を上がる。社長室手前の秘書室に挨拶をして、奥に進むのが通例だった。

秘書室を抜けた奥にある社長室は手前に堤時代から受け継がれた楕円形のテーブルが置かれ、そのずっと奥に社長のデスクがある。社長はいつもそこに座って私を迎えてくれた。

そごう・西武の本社機能と労働組合事務所は、二〇二二年五月に池袋本店書籍館の空きフロアに移転していた。西武の本社が池袋に戻ったのは二〇年ぶりである。

一九九五年に当時の和田繁明会長が東池袋のサンシャイン60からダイヤゲート池袋（旧西武鉄道本社）に西武百貨店の本社を移した後、そごうとの合併などによって丸の内、九段、二番町と転々とした。

林社長の陣取る社長室は二番町時代よりレイアウトの兼ね合いもあって結果的に広くなり、その気になればテレビドラマで見るようなパターゴルフの練習ができそうなくらいの広さがあったが、使い勝手という意味では二番町時代に比べいまひとつな印象だった。

社長とはできるだけコミュニケーションをとり、リアルタイムに情報を得ることはもちろん、信頼関係のようなものを築ければと思っていた。労使のあり方として何が「正解」なのか分からないが、完全な意見の一致を見ないまでも互いの立場を理解し尊重しあうという、労働協約の前文にあることそのものである。

「労働組合としては、事業継続と雇用の維持です。それから、事前に適切な情報の開示をお願いしたいと思っています」

「言われるまでもなく会社のトップとして、（事業と雇用を）守らなければいけないという思いは同じだよ」

「ありがとうございます」

「ずっとセブンにいるのがうちの会社にとって本当にプラスか？　冷静に考えればメリットもあればデメリットもある。悪いようにはしないから。百貨店という生業もそうだし、当然従業員も守る。いざとなればちゃんと筋は通す。ただ、いまのタイミングで売られる身の立場でそれを強硬に主張すると当然、俺は辞めざるを得なくなる。そういう会社だから」

「…………」

「そうなった（解任された）ときに、じゃあ誰が俺のあと（の社長）をやるかと考えたら、申し訳ないけど（そういう人材は）いないんだよな。（取引先との関係が傷んで）焼け野原になったあと、（社長を）やる人がいないんであれば、どうやったら、どう振る舞ったらいいかということをいつも考えているんだ」

　林社長はしばしばそう口にしていた。

　親会社からの圧力の「風除け」になって、なんとか百貨店という業態、そして社員たちを守ろうというのが林社長の腹の底の考えのようだった。井阪社長を怒らせることなく、うまく立ち回ることができるのは自分しかいない、という自負が林社長にはあった。

　二〇〇六年に旧ミレニアムリテイリング（現そごう・西武）がセブン＆アイと統合した当時、井阪社長はセブン‐イレブンの商品本部食品部長、林社長は十合西武統括商品部の商品統括部長で付き合いが長かった。それもあって、林氏は井阪氏について「互いの性格をよく分かっている」と思っていたようだ。

　その後林さんはそごう・西武を離れ、セブン＆アイ傘下のセブンカルチャーネットワーク社長に就任する。この時点で、林さんがそごう・西武に復帰することはないだろうと多くの人が思っていた。

　ところが二〇一六年の「政変」で井阪社長がセブン＆アイのトップとなると、事情が一変する。

　当時の松本隆社長は、そごう神戸店の再建策を練るなど関西各店の再建にこだわりを持っていたが、結果的に井阪社長の「一〇〇日プラン」とぶつかり、後任として急遽指名されたのが林氏だった。

就任当時、涙ながらに最初の労使協議に臨んだ林社長の第一声は「私がやるべきことは正直な経営をすること、スピーディーに決断することの二点です」だった。このころ、井阪社長の「一〇〇日プラン」によって関西の三店舗の阪急阪神への事業承継やイトーヨーカドー内に出店する小型店舗からの撤退が決まり、社内には動揺が広がっていた。

林社長は就任翌月、各店舗、本部の幹部を集めて意思統一集会を行い、社長の行動指針を示した。

① 正直な経営…透明性を高く保ち、すべてのステークホルダーに誠実であること
② 従業員ファースト…従業員満足こそが、顧客へのサービス向上につながる
③ スピーディーな決断…広く意見を聞き、素早く決断し、機会損失を出さない

これまでの社長はどちらかというと営業強化につながる指針を前面に出すことが多く、林社長の打ち出した「従業員ファースト」は新鮮な驚きだった。

前述したように林社長は就任直後、周囲の反対を押し切ってそごう神戸店（西神館）、西武高槻店を訪れ、エイチ・ツー・オーリテイリングへの事業承継で転籍を伴う社員に涙ながらに直接謝罪をしている。

ただ、残念ながら、その後の株式売却をめぐる一連の交渉の過程を見ると、林社長が「スピーディーな決断」をしたという印象はあまり残っていない。

林社長と組合は社員・組合員の労働条件、労働環境をめぐって交渉する相手ではあったが、百貨店事業への思いという面では共感する部分も多かった。

林社長自身も、セブン&アイという親会社、そのトップの井阪社長に「使われる」立場であることに変わりはなかった。林社長がわれわれ従業員に理解があるといっても、それを井阪社長に対して強く主張することはできなかった。

セブン&アイグループの戦略会議では、各子会社の代表が毎年事業計画を発表するよう求められるが、林社長の発表はしばしば叱責の対象になっているという話も耳にしていた。

利益が上がっていないので仕方のない面もあるが、林社長はセブン&アイグループのなかで苦しい立場に置かれているように見えた。

林社長や会社が社員に発信するメッセージやプレスリリースも、事前にセブン&アイに内容を示し、確認をとるよう求められていた。私は林社長に対して、

「社長が自由にものが言えないなら、言えないなりに社員に対してメッセージを発信してください」

と言いつづけていたが、「決定事項はない」という以外にメッセージらしいメッセージが

発信されることはほとんどなかった。

社長が親会社に遠慮して自由に発信できないということであれば、せめて組合の役員には最新の状況を伝えたいと考え、支部委員長会議などの場で社長の意向を口頭で伝達したりもした。

実際、私自身も井阪氏や井上了德氏（セブン&アイ・クリエイトリンク取締役専務執行役員）、小林強氏（執行役員）らがそごう・西武に社長や取締役として乗り込んできて営業現場でなく、親会社の理屈で経営に当たることになれば大変なことになるだろうとは感じていたが、林社長が親会社の「風除け」として機能しているかといえば、実際のところは分からなかった。

林社長は六年以上にわたって中間管理職的に親会社の風圧に耐えていたが、自主企画製品の清算、一三店舗閉鎖、ウイルス感染の拡大などの逆風も重なり、そごう・西武として事業を継続し、雇用を維持できるだけの「実績」、「数字」をつくることができなかったという点では、残念ながら経営者としての手腕に疑問符をつけざるを得ない。

なぜ社長自ら動かないのか

林社長は、そごう・西武売却交渉についても、表面的にはさほど危機感を持っているようには見えなかった。株式売却といっても、オーナーが代わるだけのことと考えている気配さえあった。実際、売却報道が出た当初は「資本政策が変わるだけで営業上はなんら問題ない」と語っていたぐらいである。

社長はあえて危機感を表に出さないように振る舞っていたのかもしれないが、私には、少しのんびりしすぎているように思えた。

親会社がセブン&アイから別の会社になれば、当然林社長も交代になるのが一般的だし、私もそう思っていたが、どうも林社長自身はそう考えてはいないようだった。そごう・西武の社長を務められるのは自分以外にいないという強い確信があるようだった。

フォートレス・インベストメント・グループが優先交渉権を得、しかもそのスキームがヨドバシカメラによる池袋本店の不動産取得を前提としたものであるということが分かって以降も、林社長はそれほど焦った様子には見えなかった。

フォートレスが構想しているように池袋本店の売り場面積の半分をヨドバシカメラに改装することになれば、池袋本店だけでなくそごう・西武の一〇店舗は大幅に営業力、商品のバイイングパワーを落とすことになる可能性が高い。

関西の基幹店、そごう神戸店の店長を務めていた林社長も当然、その認識は共通していた。

林社長はフォートレス側作成のフロアプランについても実現しないと思っていたようだが、山下明男在日代表とのやり取りを重ねるうち、徐々に「そうもいかない」ということが分かってきたようだった。

セブン&アイの井阪社長はあくまでフォートレスへの売却という前提で突っ走るつもりのようだし、フォートレスの山下代表も、策定したフロアプランを譲るつもりはどうやらなさそうだった。というよりも、ヨドバシが背後にいる以上、譲れないといったほうが正しいのかもしれない。

労働組合としては西武池袋本店の新しいフロアプランの詳細を聞かされてはいないが、報道を見る限り、このままいくと大変なことになるという危機感が強まっていた。

ではどうするか。

労働組合としては、事業継続と雇用の維持ができないのであれば、この売却交渉に反対だという姿勢はすでに示していた。セブン&アイの取締役や、フォートレスには労働組合の意思を示す文書を個別に送り、前章で詳述したように株主代表訴訟も起こしていた。それでも、いまのところ交渉が止まる気配はない。

私が不満だったのは、林社長が自ら動く気配があるようには見えなかったことだ。

この売却交渉の進行を危ぶみ、どこかで止めたいと思っているなら、社長自身に動いてもらいたい。「交渉はおそらく難航するだろう」とか、「西武鉄道をはじめ家主も応じないだろう」と人任せにするのではなく、社長の立場で主張すべきことを主張し、闘うべきときに闘ってほしかった。

3章で書いたように、私が七月四日に井阪社長、林社長宛の最初の要望書を提出しようとしたときも、いったんは林社長に止められている。

「こんな文書を出したら、大変なことになるかもしれないぞ。今後目をつけられるようになる」

というのだ。

会社の売却話がここまで進行しても、林社長は親会社と正面からぶつかる気持ちはないようだった。

二〇二二年の一〇月から、ようやくセブン&アイの井阪社長と直接対峙する四者会談（井阪社長・林社長・渡邊会長・寺岡）が始まったが、その五回目となる一二月二〇日の会談後、林社長から連絡があり「今日は一緒に帰ろうか」と言われたことがあった。

セブン&アイ労連の事務所を出て裏口で落ち合い、社長専用車に同乗させてもらった。そのまま本社に戻り、そこで何か話があるのかと思っていたが、どうも様子が違う。

セブン－イレブン・ジャパン創業50周年記念式典に出席した鈴木敏文氏（中央）と井阪隆一社長（時事通信社提供）

「今日はいまから時間潰しに行くから」

社長はそうドライバーに声をかけ、セブン&アイ本社からほど近いホテルニューオータニに向かった。

「ちょっとリラックスして話そう。好きなもの食っていいよ」

宴会場階で車を降り、エスカレーターを上がってロビィ階にあるカフェに向かった。

「実はここに、鈴木さんがいるんだよな」

二〇一六年の「クーデター」によって会長を退任し、セブン&アイから去った鈴木氏が、このホテルニューオータニのビジネス棟に部屋を借り、個人事務所を構えていることは知っていた。

ニューオータニに個人事務所を持つためにどのくらいの家賃を払っているか想像もつかないが、あれだけの実績のある経営者であればそのくらいの資金力はあるのだろう。

「ひょっとしたら出くわすかもしれないぞ」

「……出くわしたらどうするんですか」

鈴木氏は在任中、井阪氏の経営手腕に疑問を持っていた。その井阪氏に追われる形で退任したことで、心中含むところがあるのは容易に想像がつく。

「鈴木敏文さんも味方につけないと、ってことですか」

井阪さんを止めるためにできることはなんでもする――。その点では、私も同じ立場だった。しかし、セブン&アイ前会長の鈴木氏がそごう・西武の売却交渉に反対と意思表示したり、反対の方向で動いてくれることがありうるだろうか。

ニューオータニのカフェ「ＳＡＴＳＵＫＩ」はカレーやオムライスなど庶民的なメニューもあって、値段はファミリーレストランの倍くらいするが、超一流ホテルのなかでは比較的入りやすい店だ。

結局軽くお茶を飲んだだけで、「鈴木さんもここにいる」という言葉が何を意味するのか、いまひとつ分からなかった。

吉田正尚のスリーランのように

林社長が争いを好まない、優しい方であることは知っていたが、もし売却のスキームに問題があるならいま言わなくていつ言うのか。いつ闘うのか。社長の動きの重さがもどかしかった。

「社長、いまの計画のまま着地となれば経営的にも厳しいんですよね？　だったらいつ刀を抜くんですか。ずっと組合が前面に出ているのはおかしいじゃないですか。現場はかなり疲弊しています。こちらもいつまでも耐えられません。どう考えても。社長として、会社として意思を示してください。刀を抜いてください」

「……そうだな、でも、それはいまじゃない」

「いまじゃないならいつなんですか」

「そんな簡単な話じゃない」

林社長と、そんなやり取りを何度も繰り返したが、社長の答えはいつも「いまじゃない」だった。

「こないだのＷＢＣ（ワールド・ベースボール・クラシック）で、日本が優勝しただろう。最後、決勝のアメリカ戦で大谷翔平がものすごい投球をしたことをみんな言うけど、その前、準決勝のメキシコ戦で零対三で負けてて、吉田正尚《まさたか》のスリーランが出て同点に追いついたからそのあとの決勝があったんだろ」

「はあ」

「だから決勝のことをにらんでいろいろ言うのも分かるけど、その前に、メキシコに勝たなければ意味がないんだよ」

「…………」

「だからまず目の前のことに全力投球しなければいけないし、いまそれを見定めている最中だし、俺がいまここで死ぬわけにいかないんだよ。もうすでにかなりブランド毀損が進んでいるけど、さらに焼け野原になったとき、誰に託せるんだ。俺だって好きでこんなに長く（社長を）やっているわけじゃないけど、焼け野原から、マイナスのところからプラスに転じる、復興させるのが俺の役割だと思っている。俺のほかにそこまでパイプのある人間はいないんだから」

私は複雑な気分だった。揉めごとが嫌い、ケンカが嫌いなのは分かるが、それにしても優柔不断すぎないか。いまじゃない、いまじゃないと言いつづけて、結局最後まで闘わないいんじゃないか。

矢面に立つのは全部ほかに任せて、自分は売却後も社長として残り、「会社を復興させる」という。一〇店舗の店長を集めた会議で、社長が「私は今後も社長を続けるつもりです。いまが踏ん張りどきだ」と言っていたという話も耳にしていた。しかし、実際に売却が完了したあと、本当に社長の思惑通りにいくのか疑問だった。

そごう・西武労働組合がスト決行にまで突き進んだのも、私が好戦的な委員長だったからというより、売却対象の渦中にいる当事者としての動きをなかなかしようとしない林社長の立ち振る舞いにも一因があったと思う。

守秘義務はあるにせよ、情報開示に後ろ向きで労働組合に真正面から向き合おうとしないセブン&アイの交渉態度を問題視していたことは確かだが、河合弘之弁護士との出会いや記者会見への出席、メディアへの対応など、自分がやるしかない、矢面に立つしかないという流れになってしまったというのが実感だった。

学生時代、大学野球連盟で学生委員長をやっていたように、本来私は裏方、事務方が向いている人間だと思う。しかし、様々なピースが嵌まった結果、いつの間にかまるで自分が「主役」の一人のようになってしまったのだ。

そこに戸惑いの気持ちはもちろんあったが、組合員の投票で選ばれた立場である以上、委員長としての役割を果たさなければいけない。途中で引くことはできない。

私がいただいている給料は、組合員からの血税ともいえる組合費から出ている。どんなに苦しくても、もう逃げられなかった。

二〇二三年の春闘が終わり、五月末に予定された株主総会が迫ってくると、フォートレスへの売却交渉は停滞し、セブン&アイは「もの言う株主」のバリューアクトへの対応、対策に追われるようになっていた。

　このころ、労働組合の活動にご支援をいただいていたＯＢ会からは、「何か目に見える形で協力できないか」という声が出ていた。

　フォートレスのアメリカ本社や、セブン＆アイの取締役に対しては労働組合として株式売却に反対する旨を書いた文書を送り、河合弘之弁護士のチームによる株式譲渡差し止め請求についても却下に即時抗告し本訴に切り替えていた。

「やれることはなんでもやる」一環として、池袋の街頭での署名活動という案が浮上した。ＯＢ会にも賛同いただき、さっそく可能性を探ったのだが、そう簡単でないことが分かってきた。明治通り（店舗前の公道）で署名活動するには警察の事前の許可が必要で、大規模に実施するのは難しそうだった。

　お客さまの入店の邪魔になることも、できれば避けたい。

　検討を繰り返し、地下鉄有楽町線や西武池袋線からつながっている地下一階の食品売り場コンコースに、四〜五人の少人数で立つことにした。ここならギリギリ店内だから、警察の許可は必要ない。朝夕のラッシュ時を避け、午後二時から五時までの間とした。

「俺たちもやるよ」とＯＢ会の皆さんからは言っていただいたが、スペースの問題もあり、当事者であるわれわれ社員の有志でやることにした。

心強かったのは、クレディセゾン労組の佐藤光明委員長の支援である。旧セゾングループが崩壊して以降は資本関係もなくなり、グループ会社ではないにもかかわらず、署名活動への協力を申し出ていただいた。

西武池袋本店がヨドバシになれば、店舗内にあるセゾンカウンターが影響を受けるということもあったかもしれないが、佐藤委員長の決断が大きかったと思う。本当にありがたい話だった。

副委員長の坂本を中心にシフトを組み、クレディセゾンの方にも加わっていただいて、四月一九日から二三日まで五日間、署名活動を行った。

私も何度か現場に立ち会ったが、署名をしてくださる多くのお客さまが何かひと言、仰るのが印象的だった。

「子どものころから来ていますから、頑張ってください」

「親子二代でこのお店に通ってるの」

初日の署名活動の様子がテレビのニュースで伝えられると、翌日からは自ら駆け寄って署名してくださる方もいた。

「ありがとうございました！」

お名前、ご住所を書いていただくたび、自分たちは一人じゃない、池袋の街の皆さんは西武池袋本店の存続を望んでいると強く感じた。

五日間、わずか一五時間に集まった署名は、なんと一万四四八四筆。スペースや人員などの制約があり、時間も限られているなかで想像をはるかに超えた数だった。

署名活動中のある日、三越伊勢丹グループ労組の菊池史和委員長が池袋の現場に来られた。

「寺岡さん、これ。ウチの組織内で集めたので」

いつのまにか、三越伊勢丹の組合員から独自に署名を集めてくれていたというのだ。

「ありがとうございます！」

自然に頭が下がった。同じように高島屋労組や阪急阪神百貨店労組などの友好労組の皆さんからも、顔が見える範囲で声かけした署名の束が届いた。皆さんからのご支援に、あらためて身が引き締まる思いだった。

署名活動が終わったあとも、株式売却交渉は停滞していた。

当面動きがないと判断して、私は五月一五日から六日間の日程でセブン＆アイ労連のアメリカ・ダラスへの視察セミナーに同行している。

ダラスにはセブン‐イレブン・インクの本社があり、そこを拠点に、アメリカでの小売りの現場を視察させてもらうもので、セブン&アイ各社社長や役員らにとっても定番の視察先である。そのため、労使の認識の共有という目的もあった。

現地スタッフの案内で、セブン‐イレブン・インクが運営するガソリンスタンド併設のコンビニ事業の現場を見せてもらった。アメリカのコンビニは、日本のコンビニとはかなり異なっている。当然、百貨店事業とはまったく別物と言っていい。アメリカの投資ファンドが、こちらをセブン&アイの本線、本業と考えるなら、百貨店事業を手放せという要求になるのも無理はないと感じさせられた。

一方林社長も、この時期に強行軍でヨーロッパ出張に出かけている。ゼロ泊三日だったと思うが、ほぼ睡眠時間もとれないほどの弾丸出張だったそうだ。

「気が気でない状態で飛行機に乗ったら、不思議な気分になるぞ」

林社長からはそんなことも言われていた。

セブン&アイ・ホールディングスは五月二五日に定時株主総会を予定していた。

大株主のバリューアクト・キャピタルは井阪氏ら経営陣に対する圧力をますます強め、井阪社長、後藤克弘副社長ら四人を除いた独自の一四名の取締役候補リストをつくり、議題として提出していた。

株主総会では、投票の結果バリューアクトの提案は否決され、井阪氏は七六・三六パーセントの賛成票を得て再任された。しかし前年は九四・七三パーセントの信任を得ていたから、比率は大幅に低下している。井阪社長に対する株主の視線は厳しいものになっていた。前章で述べたようにダイヤモンド、東洋経済などの各誌も井阪体制に対して批判的な特集を組むようになっていた。

株主総会では、「そごう・西武の売却をやめる可能性もあるのか」という質問も出た。「フォートレス・インベストメント・グループに加え、家主や近隣住民を含め、合意形成に向けて鋭意努力をしている最中であります」

井阪社長は用意された回答を淡々と読み上げている。退任を迫るバリューアクト・キャピタルの圧力をなんとかかわし、井阪社長が今後、そごう・西武売却交渉を加速させることが予測された。

しかし、会社を再成長させると言っておきながら、当該事業会社の意見をまったく聞かないまま売却交渉を進めることが本当に良い結果につながるのか。

それが資本の論理だと言ってしまえばそれまでだが、百貨店の現場で働く従業員を無視したM＆Aはやはりまずいと思う。

煙の出ない拳銃

　このころ、林社長の意外な一面を見る出来事があった。

　社長と「非公式」に一対一で話すときは必ず秘書室に話を通し、アポイントをとるようにしていたが、あるとき別件で秘書室に顔を出すと、奥の社長室からひょっこり林社長が顔を出した。見ると、右手に黒光りするものを持っている。会社の一室で突然見て、とにかくギョッとした。

「社長どうしたんですか」

「大丈夫だよ、モデルガンだから」

　林社長が趣味でモデルガンを収集していることは知っていた。

　いつのころからか社長室に大小のモデルガンが並ぶようになり、デスクの隣の棚に保管されていた。

「俺もいつ有事になるか分からないから、あちこち仕込んでんだよ。ほらな」

　そう言って引き出しを開けると、そこにもモデルガンがあった。

「実はさ、商品本部長がこないだブランドとの撤退交渉ですごく悩んでて、頭抱えてたからさ、景気づけにあいつにひとつあげたんだよ」

「ええ、そうなんですか。社長、それを言うならボクも無茶苦茶胃が痛いですけど。いろんな人に追われてもいますし……」

半分冗談、半分本気だった。なにか具体的な危険を感じていたわけではないが、中央執行委員長として顔出しでメディアの取材を受けている以上、いつなにがあってもおかしくない。西武百貨店労組の執行委員長として私的整理を経験した平塚さんにも、「電車のホームの端を歩くなよ。なにがあるか分からないから、とにかく気をつけて」と言われていた。

「悪い！　それはそうだ。寺岡にもあげよう」

社長はそう言って、小型のモデルガンを手にした。

もちろん銃口はふさがれていたが、持ってみるとずっしり重く、ホンモノの拳銃だと言われてもまったく違和感がない。数万、ものによっては数十万円するという。

「でもこれ、どうやって持って帰ればいいんですか。握ったままじゃここ（社長室）から出られませんよ（笑）」

「分かった分かった、じゃあこれ」

社長はそう言って、「豊島区制90周年」と書かれた白い布製のエコバッグをくれた。二月に亡くなった高野之夫区長のことが頭をよぎったし、社長独特の謎かけかと思ったがあえて口には出さなかった。

「ありがとうございます」

モデルガンを豊島区のエコバッグに入れ、何事もなかったかのように組合事務所に戻った。あとで副委員長の割石に「社長にこんなのもらっちゃった」と見せると、

「マジですか！　ヤバいですね」

と爆笑していた。

このモデルガンは、いまも大切に保管している。


大人しく、優しい人と思っていた林社長の別の顔を目にしたのは、そのもう少しあとのことである。その日の面談には、社長室長も同席し、いつもより少しリラックスした雰囲気になっていた。

「社長、やっぱりそれはちょっと違うんじゃないですか」

社長室長は社長に逆らうつもりなど毛頭なかったと思うが、そのたったひと言にいきなり社長が反応した。

「お前、誰に向かってものを言ってるんだ！」

社長はバーン！　とすごい音を立てて机を叩いた。

「お前、俺に歯向かうのか！　ふざけんなよ、俺がいまどんな気持ちで仕事やってんのか分かってんのか！」

林社長がキレたのをはじめて見た。会議の内容によっては不機嫌な表情を見せることもあるとは聞いていたが、こういう怒り方をするとは、まったく知らなかった。

「いや、社長、すみません。室長もそんなつもりで申し上げたわけではないと思いますし」

私は、反射的に二人に割って入っていた。なんとか社長の怒りが治まったのを見計らって社長室を辞し、室長に声をかけた。

「社長ぶちキレてましたけど、大丈夫でしょうか」

「大丈夫大丈夫、あれが社長の本当の姿だから」

室長によると、社長はいったん苛立ちはじめると際限なく怒り、怒鳴り散らすのだという。社長室長にはときにそういう「素顔」を見せるらしいが、二人の間では「寸劇とか漫才みたいなもの」だという。

「いつものことだから、気にしなくていいよ」

後日、社長室長からはこんなことも聞いた。

「こないだは悪かったね。むしろ社長のほうが気にしてたよ。『寺岡の前で怒っちゃったけど、俺たちがいつものようにケンカしてたら、アイツ割って入ったよな』と言ってたくらいだから」

林社長は大人しいだけの人ではない。実は「キレキャラ」だった――。それが分かってから、余計にその怒りのエネルギーをいつ親会社にぶつけるのか、と考えるようになった。社長との面談で「いつ刀を抜くんですか」という問いを繰り返していたのは、社長の決断に期待していたからでもある。

最後の大勝負

われわれ労働組合は、スト権確立のための全員投票を七月三日に告示し、私と坂本、割石、宮川らが各店舗を回り、スト権確立の趣旨と今後の見通しを説明した。翌週の九日から投票を開始し、「一連の組織活動は全組合員の総意」だと言えるような体制作りを急いだ。

投票期間中も「ヨドバシ低層階断念」、「井阪社長、事業計画を労組説明へ」などメディアが報じ、情報戦が激しさを増していた。同時に、前章で述べた訴訟も始まっている。

七月一八日には、セブン&アイ・ホールディングスの取締役、フォートレス、ヨドバシホールディングス、そして林社長らが豊島区の高際《たかぎわ》みゆき区長を訪ね、顔合わせを行った。

高際区長の前任の高野区長は池袋本店の低層階がヨドバシカメラに改装されることに明確

に反対していたが、後任の高際区長は「区として何か言う立場にない」という姿勢を貫いていた。しかし、もしフォートレス＝ヨドバシ連合の計画になんらかの問題点があれば、前区長と同様反対に転じる可能性もあった。

この面談で高際区長は、「そごう・西武さんとして計画案はどうなんですか」と林社長に問いかけたという。ところが林社長は、それに対して親会社のセブン＆アイに配慮したともとれる発言をしたらしい。

「このフロアプランでは（百貨店として）やれません」という言葉を期待していたのだろうが、結局高際区長はハシゴを外された形になってしまった。

ストライキ当日の午後、取材に応じた豊島区・高際みゆき区長（共同通信社提供）

三日後の七月二一日、かつてそごう・西武（旧西武百貨店）の本社が置かれていたダイヤゲート池袋で、関係者合同説明会が予定されていた。

出席するのは今回の株式売却に関わるすべての代表メンバーである。

豊島区の高際区長のほか、セブン＆アイから井阪社長、ヨドバシホールディングスの藤沢《ふじさわ》昭和《てるかず》社長。フォートレスの山下在日代表。西武鉄道を経営する西武ホールディングスの後藤高志会長、西山隆一郎社長。そしてそごう・西武の林社長。

もしまたこの機会で林社長がフォートレス＝ヨドバシ連合のフロアプランを認めるような発言をすれば、流れは決まってしまう。

社長には何度も計画に無理があれば「刀を抜いてほしい」と言いつづけていた。

社長は、三日前の区長との顔合わせでも本音を言っていない。この日勝負しなければいつやるのか。前夜一晩考え抜いたうえで、翌日早朝、秘書室に連絡し社長にアポイントをとった。

今日は、株式売却交渉の方向を決する大一番となるはずだ。林社長自身もこの説明会に集中したいと考えていれば説明会の前に私と会う余裕はないかもしれないし、物理的に時間がとれないと言われる可能性も高い。

さすがに無理かもしれない——いつもより少し緊張しながら連絡を入れたが、幸い秘書室の回答は「社長の時間がとれました」だった。

朝九時、いつも通り秘書室を抜けて社長室に入った。いつもは奥のデスクにいて、私が入ると「今日はどうした」と立ち上がる社長が、この日はすでに円卓に座って待っている。こんなことははじめてだった。

「お前の言いたいことは分かっている」

にこやかな笑顔は消え、どこか思い詰めたような表情だった。

いまの計画通りだと利益はすべて吹っ飛び、池袋本店は最悪赤字に転落する。池袋本店の強力な地盤が崩れれば取引先も各店舗から連鎖的に撤退する可能性が高く、そうなれば事業継続も雇用の維持もままならない。

株式譲渡契約の詳細は不明だが、その流れにおおよそ変わりはないだろう。その流れを止めるのは、今日の会議しかない。

「（計画に無理があるのであれば）ここで腹をくくっていただかないと。今後はもうこれ以上、先がないので、申し訳ないですがここで腹をくくってください。私も組合員の選挙で選ばれている立場ですから辞表を出すとかそういうことではないですが、もしこのまま株式売却のディールが成立してしまったら、委員長として責任をとって会社を辞めるつもりでいます。社長も腹をくくって、やってください。今日はのらりくらりではなく、明快にディールに反対です、と言ってきてください」

労働組合の代表である中央執行委員長として、株式譲渡自体に反対するつもりはない。

ただ、フォートレスへの売却、西武池袋本店の売却を中心とする現状のスキームでは、今後の事業の継続と雇用の維持を確信することはできない。

そうなれば、責任をとって辞めるほかないと思っていた。

この日の朝には出社途中の電車内で妻にＬＩＮＥでそう伝えていた。

「今日林社長のところに行くけど、会社を辞めるって言ってくるかもしれない。ごめん」

妻からは、「ここまで来たら思い残すことがないように最後までやりたいようにやってください」と返信が届いた。

実はこのころ、義父の体調が悪く、余命わずかと言われる緊迫した状態だった。妻は仕事の合間を縫って頻繁に新潟に帰省する毎日で、そんなタイミングで夫が会社を辞めるかもしれないという状況は二重三重の負担になったはずだ。それでもひと言の文句も言わず、背中を押してくれた。妻には感謝の言葉もない。本当に申し訳なかった。

はじめ黙って私の話を聞いていた社長は、いったん話しはじめるといつもと変わらない口ぶりで、結局どうしたいのか、どうなるのかよく分からない。

私の苛立ちが伝わったのか、社長の表情が変わった。

「……お前の意思は分かった、そこまで俺に言うのは辛かっただろう。よくぞそこまで言ってくれた、ありがとう。悪かったな」

ちょっと待ってくれ、社長はそう言って立ち上がると、Ａ４判の紙にビッシリと書かれたメモを持ってきて見せてくれた。

「今日はこの通り、一言一句この通りに言うつもりだから。そこにいま委員長が言ったようなことが書いてある」

今回の提示プランは現段階では会社として議論したものでも正式に承諾したものでもありません。したがって労働組合とも正式に説明や議論もしていません。また、取引先への説明も未着手です。

ラグジュアリーブランドを中心に、すでに撤退や移転拒否などの表明が複数社あると報じられており、この状態は看過できません。ラグジュアリーブランドが入らない都市型百貨店、本店像は想像できません。また、顧客の皆さまの期待にも応えられないと考えます。

百貨店業を続けるための重要顧客資産の維持・拡大、さらに池袋の街全体の価値向上という視点でも確信が持てません。したがっていま、このプランで事業継続、雇用維持ができるかと問われれば賛同できません。

また、会社売却にはそごう・西武取締役会の決議が必要です——。

短時間、ざっと目を通しただけだが、そのような内容のメモだったと記憶している。

「実はこないだ前哨戦としてセブンと一緒にヨドバシと豊島区の顔合わせに行ってきたんだが、俺が最大限努力するって受け答えしたもんだから豊島区も面食らったみたいで……だから今日はそれも含めて真意を言うよ」

「分かりました。偉そうなことを言ってすいませんでした。よろしくお願いします」

座ったまま頭を下げ、短時間で社長室を出た。

いったん組合事務所に戻り、ダイヤゲートで説明会が始まる時間帯を見守った。この間、メディアからの問い合わせの連絡がひっきりなしに入っていた。

今日は高際区長だけでなく西武の後藤会長、ヨドバシの藤沢社長もいる。その面々を前にして、「このフロアプランではやれない」と正面から反対論をぶってくれることを期待していた。

今日こそやってくれるはずだ。今朝話してくれたような展開になるのかどうか、五分五分かもしれない。ただただ祈るような気持ちだった。

説明会が終わった当日午後、社長にもう一度会うことができた。

「言ってきたよ。この通り、言ってきた」

社長はそう言って、朝のメモをもう一度見せた。セブン＆アイの井阪社長はもちろん、西武ＨＤの後藤会長や豊島区高際区長ら、錚々たる顔ぶれの前で売却反対を主張したという。

「ありがとうございました」

「まぁ正確にはディールに反対ではなくて事業計画には賛同できないだけどな」

おそらくいまごろ、井阪社長は激怒しているだろう。

以前にも、セブン＆アイの取締役会前に行われるブレスト会議に「オブザーバー」として出席した林社長が「私はそごう・西武の社長として、五〇〇〇人の雇用を守る責任があります」と発言し、井阪社長が激怒して、会議後に「不規則発言するな！」と詰め寄ったことがあったという。それ以降、林社長はオブザーバーで出席する機会すら与えられなかった。

一八日に豊島区長に対して行った顔合わせの席でも、前向きな発言をしている。

それが突然、高際区長、後藤会長、藤沢社長の面前で顔に泥を塗られたとおそらく井阪社長は思っただろう。

東洋経済オンライン（七月三一日付）によると、林社長は合同説明会の冒頭で「われわれ（そごう・西武）はこの計画の立案にいっさい関わっていません」と発言したという。それを受けて西武ＨＤの後藤会長が、

「事業会社のトップと組合が反対している計画を進めるわけにはいきませんな」

と言い、豊島区の高際みゆき区長も同調した。高際区長は、

「当事者のそごう・西武の社長がこの案はまだ正式なものではないと言っているし、ラグジュアリーブランドがついてくるかどうか分からないと言っている状態では、ちょっとまだ難しいのではないですか」

と発言し、結論は保留されたという。

なにがなんでもフォートレス＝ヨドバシ連合に売却すると突っ走ってきた井阪社長にとって、大きな誤算、屈辱だったはずだ。

林社長の裏切りを、許すはずがなかった。

第6章 百貨店という文化

2023年8月31日のデモ行進で先頭を歩く筆者（中央）と、西嶋秀樹髙島屋労組（右）、佐藤光明クレディセゾン労組委員長（時事通信社提供）

わたしは、私。

「お届け物です！」

八月下旬、自宅に西武の包装紙で包まれた箱が届いた。金色と紫色の水玉模様の包装紙は祝い事や高級ブティックなどで使われる特別なものである。三〇センチ×二〇センチくらいの大きさで、手にすると少し重い。

取り扱い注意のシールが貼られ、送り主を見ると「林拓二」とある。

なぜ林社長が？　まさか、爆弾じゃないよな――。一瞬、そんなことが頭をよぎるほど意外な人からの、意外な届け物だった。

開けると、「２０２３」と今年の西暦が刻まれたバカラのグラス、イヤータンブラーが入っていた。熨斗紙《のしがみ》には、

「わたしは、私。　林拓二」

と書かれていた。「わたしは、私。」というコピーをご存知だろうか。

二〇一六年、セブン＆アイ井阪社長の「一〇〇日プラン」でそごう神戸店などの営業譲渡を決め、そごう・西武の松本隆社長が退任され林拓二氏が新社長となったとき、「再出発」

を象徴するプロモーションビデオが話題になった。それが、「わたしは、私。」である。

俳優の樹木希林さんがカラフルなワンピースの上に原色使いの大ぶりなジャケットを羽織り、「わたしは、私。」と宣言した。


今年、あなたはひとつ歳を取る。

その度に、歳相応にとか、いい歳してとか、つまらない言葉が、あなたを縛ろうとする。

あなたは、耳を貸す必要なんてない。

世間の見る目なんて、いつだって後から変わる。

着たことのない服に袖を通して、見たことのない自分に心躍らせる。

ほかの誰でもない「私」を楽しむ。

そんな２０１７年が、あなたには必要なのだから。

年齢を脱ぐ。

冒険を着る。

わたしは、私。

ＹｏｕＴｕｂｅに残されたＣＭ動画を見ると、七年間で五三万回も再生され、「定期的にこの動画見て、元気をもらっています」などとコメントがつけられている。

「年齢を脱ぐ。冒険を着る。」というフレーズは、「アドバンストモード」というコンセプトで婦人服の自主編集の売り場を展開した際に、プレスリリースのキャッチコピーとして使われた。「わたしは、私。」というフレーズは元日の新聞広告の定番となった。俳優の木村拓哉さんや安藤サクラさんなどを起用した広告が日経広告賞の最優秀賞など多数の賞を受賞している。

年末には「わたしは、私。」と書かれたはがき大のリーフレットが社員に配布され、「百貨店魂は失わない」という経営の意思、気概を伝えるメッセージとなっていた。神戸、高槻店が事業承継され、先行きの見えないなかで、このキャッチコピーが社員を鼓舞した。ウイルス蔓延で百貨店事業が大打撃を受けていた二〇二一年の元日の新聞広告では販売レシートに「百貨店が売っていたのは、希望でした。」と「わたしは、私。」のメッセージを並べている。西武百貨店のＤＮＡを感じさせる象徴のようなコピーだった。

二〇二三年八月一日、林拓二氏は突如そごう・西武の社長を解任された。

林社長自身は、直前まで自ら退任することはいっさい考えていなかった。

「俺は社長を辞めるつもりはない。ディールの長期化で、取引先からの信頼が揺らぎはじめている。この業界で協業する相手から信用を失ったら事業継続はできない。だからこの売却騒動がどっちに転んでも立て直しには関わっていくよ」

そう私に言っていた林社長がクビを切られたのは、井阪社長の意向に反したからだろう。豊島区、西武ホールディングス、セブン&アイ、フォートレス、ヨドバシ、そしてそごう・西武の経営陣が出席した七月二一日の株式譲渡交渉の合同説明会で、林社長は「われわれ（そごう・西武）はこの計画の立案にいっさい関わっていません」と発言したという。

この会合のあと、いままであれほど頻繁にかかってきていた井阪社長から林社長への電話がいっさい途絶えた。そしてその一〇日後、林社長は「解任」を通告された。

「委員長、悪い」

携帯電話の第一声は、謝罪の言葉だった。

「俺は辞めるとはひと言も言ってないが、どうやらクビを切られた。こんな簡単に切られるとは思わなかったが、意外なほどあっさりだった。俺は辞表も出していないし、辞めるとはひと言も言ってない。それだけは言っておく」

どうやら井阪氏から「解任」を通告された直後のようだった。

会社経営者と労働組合委員長という立場の違いはあれ、会社を良くしていきたいという思いは社長と共通していたはずだ。おそらく林社長も同じように感じてくれていたからこそ、私に電話をくれたのだろう。

その日の午後、緊急で臨時の中央経営協議会が開催された。社長など取締役の交代についてバタバタと会社から一五分ほどの説明、報告があり、その後プレスリリースで公表された。この日は経営側のスケジュールが詰まっており、質問等は別途機会を設けるという。

労働組合としてもこの日、急遽機関紙を発行し、さらにウェブ上で見解を発表した。〈当社経営は、お取引先・地権者・行政・地域など関係者との協議が佳境に入っていると考えられます。その真只中で経営トップを交代させることは、本当に当社の再成長を前提とした株式譲渡（クロージング）につながるのか甚だ疑問であり、常識的に考えて不自然であるとも捉えています〉〈新経営体制になっても、（中略）社員の雇用維持・当社の事業継続を前提に、必要な情報開示を誠実かつ強力に求めてまいります〉

翌二日には入社五年目（正社員）の集いが一泊二日で予定されていた。私も合流し、参加者と対話するつもりだったが、何をどう話していいのか、頭の痛いタイミングだった。

この日は、テレビ東京「ガイアの夜明け」の取材スタッフが同行し、五年目社員とのやり取りを撮影していた。

春先から私に密着取材し、当初の予定では八月中に切り上げてオンエアするはずだったのだが、事態が緊迫したことで「売却の成否が分かるまで放送を延期します」と告げられた。

この後もしばらく、密着取材が続くことになる。

解任か、辞任か

八月四日、経営体制が代わってはじめての労使の団体交渉が行われた。

この日は井阪隆一社長はじめ、丸山好道取締役以下、セブン&アイから五人の経営陣が出席した。

これまでそごう・西武の労使交渉にセブン&アイ幹部が出席することはなく、われわれは「当事者能力のない当事者」のそごう・西武経営陣を相手にもどかしいやり取りを重ねていた。セブン&アイ経営陣との団体交渉を何度申し入れてもことごとく拒否されてきたが、ついに「本丸」との直接のやり取りが始まるのだ。

セブン&アイ経営陣はいまだに自分たちが雇用の使用者であるとは認めていなかったが、交渉の場に出てきたのは大きな変化だった。そごう・西武労働組合は全組合員を対象とするスト権投票で九三・九パーセントもの支持を得、セブン&アイに文書でスト権確立を通知した。そのことがセブン&アイ経営陣を動かしたのだろう。

同じころ、ブルームバーグが九月一日に株式売却完了予定と報じていた。セブン&アイは売却に向けたおおよその準備、体制が整ったため団交に参加するという判断をした可能性もあった。

団体交渉の会場は、いつもの西武池袋本店書籍館九階の役員大会議室である。

労働組合からは経営協議会メンバーである中央執行委員をあえて参加させず、私、坂本、割石をはじめとする三役に出席者を絞っていた。そごう・西武経営陣は田口広人新社長、山口公義《きみよし》副社長らが出席した。

そごう・西武の労使がそれぞれ着席し、セブン&アイ・ホールディングス経営幹部を待ち受ける。その間、重苦しく張り詰めたなんとも言えない空気が漂った。

本当に誠実に協議に応じるつもりだろうか。それならなぜもっと早く労使協議に出てこなかったのか。いずれにせよこちらが感情的になってしまっては協議にならない。なんとかして事業計画、池袋本店のフロアプランなど必要な情報を開示させ、雇用についての本音を引き出すための糸口をつかむ必要がある。

緊張感を高めているところに、井阪社長以下五人のセブン&アイ幹部が入室した。大人数で社長の脇を固めているのは、労働組合の求める協議に応じたという口実をつくりに来たためではないか――そんなことが頭をよぎった。

この日の第一議題は「争議行為の開始に関する全員投票結果に関わる件」である。

副委員長の割石がスト権を確立した経緯を簡単に報告し、率直に疑問をぶつけた。

「林前社長ですが、ご自身で辞める決断をされた『辞任』なのか、それともホールディングスによる解任なのか、どちらでしょう」

井阪社長は新社長となった田口氏のこれまでの「実績」に長々と触れて、田口氏がいかに適任かを説明した。田口氏への交代については林前社長も納得し、同意しているという。

しかし私が聞いている限り、林前社長はまったく交代する気はなかったはずだ。二一日の合同説明会のあと、二六日には全社員に向けたメッセージも発していた。

林社長が受け入れた？　田口氏が後任となることを快く了解した？　ありえないのではないか。やっと公式協議の席についたのに、なぜそんな見えすいたことを言うのか。なぜ事実を、本音を正直に語ろうとしないのか。なぜ真正面からわれわれと向き合おうとしないのか。組合は何も知らないとでも思っているのか。「信頼と誠実」は創業以来、セブン&アイの社是ではないのか。

割石の理詰めの追及に、井阪社長は不機嫌そのものといった顔つきだった。割石の追及に対する反感以前に、経済誌の記事に対する苛立ちがあるように感じられた。

「（記事は）まったく事実と違う」

林氏は一方的な解任ではなく、納得しての辞任、交代だという。

井阪氏の説明を聞きながら、腸が煮えくり返るような怒りを覚えていた。

本来ならこの場面で「今日は何をしに来たんですか！」と机を叩いて一喝すべきだったかもしれない。しかし今日はケンカを仕掛けるのが目的ではない。極力感情を抑え、淡々と話すように心がけた。

「情報が開示されない一連のプロセスに社員は不信を募らせ、事業継続・雇用維持が危ぶまれる報道も後を絶たないことからストライキ権の確立に至りました。やっとこれから、経営とまさに全組合員の総意として向き合えるタイミングが来たと思った矢先に、実態としては社長の解任です。正直に申し上げますと、今回の解任劇は親会社の理屈に寄った強権発動だと見ています」

余命数日と言われていた義父が亡くなり、この前日、新潟で行われた告別式に秘密裏に参列しとんぼ返りしたばかりだった。ようやく実現した直接の労使協議が肩透かしに終わったことで、セブン＆アイＨＤの経営陣に対する不信感は確実に広がっていた。

ふたつの顔を持つ男

林社長に代わって新社長となった田口氏は西武百貨店からセブン&アイ・ホールディングスに移った人で、井阪社長と非常に近い存在である。

一九八五年に西武百貨店に入社し、現場でキャリアを積んで二〇一二年に西武百貨店大津店の店長になった。店長退任後、親会社のセブン&アイHD本部勤務となり、当時HDが推進していた「セブンネットショッピング」や「オムニチャネル」推進を担当している。

二〇一六年に「セブン&アイ・ネットメディア」の社長に就任、二〇二一年には古巣のそごう・西武のデジタル戦略本部長に就任し、同時に取締役、執行役員を兼務している。セブン&アイHDでグループDX推進本部、グループDXソリューション本部の副本部長も兼任し、セブン&アイのデジタル化を推進する中核的な存在になっていた。

われわれから見てもとても話しやすい方で、組合活動の若手育成プログラムにも何度か協力していただいた。西武出身で、デジタルにも強いことから社長に選任されたようだ。「中学三年生のときに西武百貨店に入社すると決めて、ほかの会社の採用試験はいっさい受けず、そごう・西武のために生きてきた」と本人が言うほど会社愛が強い方だが、今後この案件にどう対処していくのかはよく分からなかった。

義父の告別式に寄せられた供花には、会社を代表して田口新社長の名前があった。社員の親族の葬儀では、これまでずっと会社代表の林社長と組合代表の私の名義の花が並んでいたが、こうして田口社長の名前を目にすると、社長が交代したことを実感させられる。

副社長には、取締役の山口公義氏が昇格した。

山口氏は一九八一年に西武百貨店に入社し、大津店などで社歴を重ねたあと、そごう・西武の広報室に在籍した。鈴木敏文氏に広報としての仕事ぶりを見込まれ、二〇一一年には親会社のセブン&アイHDの執行役員広報センターシニアオフィサーに抜擢された。

さらに二〇一七年にはセブン&アイHD取締役となり、広報室を離れた。買収された子会社の出身者が、親会社の取締役になったのである。社長室長も兼務した。社外取締役の割合を増やすよう求める米投資ファンドの圧力によってセブン&アイの取締役は五期五年で退任したが、常務執行役員・コーポレートコミュニケーション本部長として会社に残った。最高コミュニケーション責任者（CCO）、最高人財責任者（CHRO）を兼任し、広報部門のトップでもあった。井阪社長が林さんの後任に誰を据えるか山口さんに相談していたという話も耳にしていた。

田口新社長の四歳年上で山口さんのほうが「格上」だが、「自分を支えてもらいたい」と田口さんが副社長就任を要請したという。同じ西武大津店の出身というつながりもあった。一九八〇年代のセゾン文化を知る人でもあり、百貨店出身者として唯一セブン&アイの役員を務めた経験もあり「話が通じる人かもしれない」という淡い期待が持てた。

一方でセブン&アイで長く実績を積んできた人でもあり、今回の件をどう捉えているかははっきりせず、不安も大きかった。

このころ放送されていたドラマ「VIVANT」（TBS日曜劇場）で堺雅人さん演じる商社マンが別班という特別任務を負い、警察に追われながらも任務を遂行していくストーリーが話題を呼んでいた。誰が味方で誰が敵か分からない展開は、自分たちの置かれた状況に通じるものがあるように感じていた。

八月四日の団体交渉のあと、山口副社長から「あらためて挨拶をしたい」と連絡をもらい、翌週の九日水曜、個別に面談することとなった。

「先日の団体交渉、寺岡委員長の答弁には非常に感銘を受けました」

山口副社長は、「林社長にはふたつの顔があった」という団交での私の発言を気にしていたようだ。

「あれは林さんに向けてと言っていたけど、私は自分に向けられた言葉だと受け止めました。したがって、私自身もそのつもりでここから是々非々で対峙するつもりでいます。いろいろ言う人もいますが、私は誰かを裏切るつもりはありません」

そごう・西武の社長とセブン&アイ・ホールディングスの執行役員を兼務していることの利害が、ときに対立する可能性がある。それを「ふたつの顔」と表現していた。

山口副社長も、「ふたつの顔」を持つ立場だった。セブン&アイの取締役は退任したものの常務執行役員として井阪氏とも近い関係だった。セブン&アイ経営陣の意向がそごう・西武社員のためにならないと思ったとき、どうするか。

「私の気持ちはそういうことだから。セブン&アイから乗り込んできたとか、いろいろ書かれたり言われたりしているし、実際そういうメールも来ている。私は(セブン&アイ・)ホールディングスにいたし、そう見られるのも仕方ない。ただ、魂までは売ってないよ。魂を売ったやつの言うことなんて信用できないとかいろいろ言われているけど、オレはセブン&アイの刺客ではなくて、そごう・西武のためにもう一回頑張りたいと思っている。だからそこだけは分かってほしい。これからは良くも悪くも落とし所、着地点をよくよく考えてやりたい。最低限の納得感もないままことが進むようなことがあれば、自分はセブンを辞める覚悟だ」

副社長の言葉は本気だ、と感じた。「そごう・西武」という百貨店を守りたい、そう考えている人がここにもいた。

これまでは林前社長と膝詰めで話をして労組の意思を伝え、経営側の意向を探ってきたが、今後はそのカウンターパートが山口氏に代わることになるのだろう。相手が誰であれ正面から本音でぶつかるしかない。

「俺はサインしてない」

ある日、退任した林前社長が極秘で会社に姿を見せていた。

「部屋の整理もしなきゃいけないんでね」

社長を解任された林氏はすでに気持ちの整理をつけているのか、さばさばとした様子だった。

林前社長にどうしても確認したいことがあった。社長交代のプロセスは実際のところどうだったのか。井阪社長は林さんも納得し、円満に交代したと言っていたが、とても信じられない。

会社売却がこれだけ注目されている渦中で、あえて林社長を交代させた井阪社長の判断が私にはどうしても理解できなかった。顧問弁護士にも見解を聞き、「一般論として親会社の意向次第でいつでも事業会社の社長を交代させることは可能」という回答をもらってはいたが、林社長は本当に納得していたのだろうか。

のちにそごう・西武の法人登記を確認したところ、林氏の名前の横に「解任」と記されていた。任期途中で取締役が退任する場合、「辞任」か「解任」かによって必要な手続きが違ってくる。自らの意思で辞任する場合、辞任届を提出し、法人登記には「辞任」と記載される。一方解任の場合は、解任を決議した取締役会の議事録を添付する必要がある。

林社長は代表取締役の辞任届を書くよう強く説得されていたという。自ら辞めたということであれば団交での井阪社長の説明と整合性がとれるが、解任となれば井阪氏と林氏が衝突したことが外部の目にも明らかになってしまう。実際、林社長は、

「俺はどこまでいっても辞任はしないと言って（役員室を）出てきた。サインの類いといえば秘密保持契約ぐらいだ。辞任届にはサインしてない」

と言っていた。

「解任という形ではあるが、林さんも納得して交代した」という団交での井阪社長の発言とは、やはりズレがある。

もうひとつ、辞任か解任かで大きな差が出るのが、取締役に対する賞与（ボーナス）として与えられるストックオプション（新株予約権）の扱いである。

新株予約権は取締役や特定の社員に与えられるもので、あらかじめ定められた金額で会社

の株式を取得することができる権利である。

セブン＆アイではこれまで二二回にわたってストックオプションを発行し、取締役や執行役員、子会社役員らに付与してきた。

ストックオプションの権利を行使できるのは、取締役退任後一〇日以内と定められている。退職後に取得した株を市場で売却すればかなりの金額を手にすることができる。もちろん、その後会社がもっと成長して株価も上がると思えば、売却せずに保有しつづけることもできる。ただし、任期途中で解任された取締役はストックオプションの権利を失うという取り決めがあった。

つまり、林社長が辞表を書くかどうかで、金銭的に大きな違いが出てくるのだ。

「二億円を棒に振る話なんですがね……」

ある会社幹部は、そうつぶやいていた。林社長は本当に辞任を拒否してストックオプションの権利を放棄したのか。それとなく聞いてみた。

「直後にそんな話もあったが、『そんなんで従業員、俺のかわいい部下たちを売るわけにはいきません』と言って出てきた」

林氏は最後の最後に男気を見せて、一矢を報いたのだ。

自己満足とまでは言わないが、良くも悪くも、それが林さんという人だった。

このころ、「池袋・豊島・西武沿線　レトロ百貨展」が八月三日から一四日の日程で開催されていた。次の団体交渉までにどうしても見ておきたくて、外出から戻ったその足で西武池袋本店の七階催事場に向かった。

豊島区、そして池袋の街の歩みと、「トキワ荘」に代表されるマンガ・アニメの聖地の紹介や、貴重な資料を展示していた。豊島区制九〇周年記念「豊島大博覧会」の展示物や、西武鉄道から借り受けた資料もあった。

昭和時代の池袋を再現したジオラマに見入る老夫婦から、催事場内の「昭和グルメ喫茶」コーナーでスパゲティナポリタンやクリームソーダを楽しそうに頬張る二〇代まで、客層はさまざまだ。池袋という街に根付いた百貨店文化を肌で感じられる空間がそこにはあった。

やはり絶対にこの店をなくしてはダメだ。絶対に――そう意を強くした。

八月一五日、セブン＆アイ経営陣と相対する二度目の団体交渉に臨んだ。

今回の会社売却交渉について、事前に会社側に問いただしたい点を列挙して提出していた。この日は、セブン＆アイの取締役らがそれに回答する形で進み、交渉の妥当性を主張した。

この日の団交の内容をメモした私のノートには以下のような記録が残っている。

・ディールの材料は企業価値→2800億
・有利子負債3000億
・株式価値が企業価値を下回れば逆に金を渡さなければならない
・単純により高く売った方がよい→清算するよりは低くなる×善管注意義務違反？

この日突きつけられたのは「ヨドバシへの売却か、会社清算か」という二者択一だった。会社側によると、池袋本店をヨドバシに売却せず、現状維持した場合営業が成り立たないため、会社を清算せざるを得ないことも考えられるという。

今回の会社売却は池袋本店の不動産売却によって三〇〇〇億円にのぼる負債を返済することを軸とする財務的な問題が相当なウェイトを占めているようだ。そごう・西武の再成長プランというより、リストラ策であり、借金返済プランだ。

井阪社長が再三語っているそごう・西武を再成長させるという言葉から受け取れる印象とはほど遠い。

労働組合が要求していた交渉の中止、再入札はいっさい考慮されていないようだった。バンカー出身の役員らは難しい専門用語を並べ、身も蓋もないようなカネの話を続けた。

この話をそのまま組合員へ通知すればますます不安が募るだろう。そうした現場従業員の心情はまるで顧みないようだ。

井阪社長は、従業員やメディアに対して「これは再成長プランではなく、リストラ策だ」と正直に認めるべきだろう。そこをごまかしたままでは従業員が納得するはずがない。

二八〇〇億円という企業価値の評価も、納得いかなかった。

そごう・西武がセブン&アイの傘下となった二〇〇六年当時、売上高は九〇〇〇億円を超え、営業利益は三四五億円だった。その後店舗閉鎖が相次いで売り上げは五〇〇〇億円前後、営業利益も一〇〇億円を切るところまで落ち込み、さらにウイルスの蔓延が売り上げ減少に拍車をかけた。

「この状況下でバラ色の成長はなく、痛みを分かちあうなかでわれわれが一番損失しているという説明でしたが、従業員の気持ちは金額では測れません。もしいまの発言を従業員の前でそのまま話されたらどういうことになるのか、想像していただきたいと思います。今回、当社に役員派遣が三人ほどありましたが、これも売却ありきの役員派遣と映っている感が否めない」

私はそう言って、この日の団交を締めくくった。

八月中の交渉終了とすでに多くのメディアが報じているにもかかわらず、この期に及んでなお「クロージングに期限日はない」「いつクロージングするか決めていない」と繰り返す井阪社長に、不信感が残った。

社長の本音を聞かせてほしい

形はどうあれ井阪社長をはじめとするセブン＆アイの経営陣が、ようやくわれわれそごう・西武労働組合を交渉相手として対峙しようとしていることは分かったが、疑問は残っていた。林社長が自らの意に反して解任されたことははっきりしているのに、なぜ「一方的な解任ではない」と言い張るのか。

井阪社長が言うそごう・西武の「再成長」についても、その中身は結局池袋本店の不動産を売り払うことによる財務リストラに過ぎないとしか思えない。

「できれば一度、井阪さんと直接対峙して膝詰めで話してみたい。山口さんに仲介いただけませんか」

林社長が解任されたあと、オフレコで非公式に話をするチャンネルは、山口公義副社長に代わっていた。これまでの四者会談や団交では、何か本音を隠して話しているのか、別の意図があるのか、その感触を摑みたかった。同席者のいない一対一の場であれば、井阪さんの本当の心の内が見えるのではないかと期待していた。

「ふたつの顔を持つ男」山口さんはさっそく動いてくれた。井阪さんも直接話したいと思っているようだ、という。指定されたのはたまたま私が振替休日をとる予定にしている日だった。休日を潰すことにはなるが、その分時間が自由になる。

この日も厳しい暑さが予想されている。暦のうえではすでに「残暑」だが、暑さが和らぐ気配はまったくなかった。国内だけでなく、世界中で山火事などの自然災害が相次いでいる。

今後の交渉が進むか、止まるか、この日がある意味、天王山になるかもしれない。

いつものように早朝、一時間ほど自宅の近辺をジョギングしながら頭の中を整理した。株式譲渡が完了してしまえば、必ず雇用問題が浮上する。組合委員長としての責任は免れない。七月末、林前社長に「腹をくくってください」と迫ったときも、これで自分も退社するほかないといったん覚悟を決めたが、今日も話し合いの結果次第では同じことになるだろう。

シャワーを浴びてスーツに着替え、いつもの通勤列車に乗った。

不思議とあまり緊張感はなかったが、現在の自分の思いと覚悟を、妻には伝えておきたかった。仕事の話は家庭に持ち込まない主義だが、困難な状況で奮闘している妻に感謝と、お詫びの気持ちを込めて車中からスマホでごく短いメッセージを送信した。

いつもより少し遅い時間に組合の事務所に立ち寄ると、そのまま一人、何も言わずに四谷のセブン&アイ本社に向かった。

どういう思いでウチを切り離すのか、社長の本音が知りたい。

これまでも、何度も会社の「閉店」の決定を飲み込み、受け入れてきた。二八店舗がついに一〇店舗にまで減り、多くの先輩や仲間が会社を去るのを涙ながらに見送ってきた。今回の売却交渉でも、これで本当に会社が再成長できるということであれば、飲み込む覚悟はある。経営側の思いを社員に伝え、納得してもらえるよう努力するつもりだ。だから社長の本音を教えてほしい――。

午前一一時、四谷の本社で案内されたのは、いつもの会議室だった。山口副社長の尽力で、この日は遠藤室長も同席せず、完全な一対一の会合にしていただいている。

いつもは井阪社長が口火を切るが、今日は私が思いのたけを話させてもらった。もう腹は決まっている。なにも恐れるものはなかった。

「井阪さん、これまで一年半にわたっていろいろやってきましたが、今日は一対一でお時間をいただきました。

私としてはこれがもう、最後のお願いというか、井阪さんの本音が聞きたいと思って今日はやってきました。だから社長室長にも席を外していただいています。私は選挙で選ばれた委員長という立場ですから辞任するわけにはいきませんが、もしこのディールが成立してしまえば組合員に合わせる顔がないので、会社は辞めるつもりです。

その覚悟でやっています。そのくらいの思いで今日は来ていますので、お互い本音をぶつけあいたいと思っているんです。

私は何度も言っていますが、ウチの株式を売ることをまったく否定はしていませんし、セブン&アイ・ホールディングスから外れることも否定していません。しがみつくつもりもまったくありません。

むしろどういう思いでウチを切り離すのか、社長の本音が知りたいんです。とにかく売っぱらいたい、借金ばかりでうっとうしいということなのか、表面上そう言わざるを得ないけれども、実はそごう・西武は大事な会社だと思っているし、本当は手放したくない、だけどバリューアクトから攻め込まれて俺もつらいんだと。だから悪いけど捨て駒になってくれということなのか。

これまでも二八店舗から一〇店舗になるまで文句も言わずにやってきました。したがって、会社がこれで本当に再成長できるというんだったら、飲み込みます。だから社長の本音を教えてほしいと思っています。

私は今日は労働組合の委員長という肩書を外して、人として、そごう・西武の経営にも少し足を突っ込んだ状態で来ています。だから労働組合の立ち位置でものを言いません。雇用と言いつづけるようなことはしません。雇用はまず置いておいて、そもそも池袋本店がなくなったら、ウチの会社やばいと思いませんか。

巨大な池袋本店があるからこそ、ほかの九店舗が成り立っている、交渉力、営業力があるんです。ウチの会社の柱であり、全国で三番目の売上規模がある店舗です。この店舗がぶっ飛ぶということです。それくらい影響力がある店舗のおかげで成り立っているんです。それがなくなって、何をどうやって再成長させていくんですか。

ヨドバシは基本的に百貨店とは相容れないと思っていて、池袋の面積のうち、余ったところを使ってくださいということですよね、有り体に言うと。百貨店事業に魅力を感じているのであればそごう・西武を買収すればいいのであって、そごう・西武を買収せずに池袋や千葉や渋谷や、おいしいところの不動産だけ買うということは、基本的に百貨店と協業しようという意識がないということですよね。

そんな状況で期限付きの契約をするということは、期限が来たら打ち切りだと考えるのが自然じゃないですか。だとしたら、自分らがいくら頑張りたいと思っていても無理な話です。そごう・西武を再成長させるためのディールであって、ヨドバシを成長させるディールじゃないですよね」……


四谷の本社を出るときには日差しがまぶしく光っていた。

外に出た瞬間、汗が滲んだ。井阪社長に見送られ、四谷の本社から麴町駅までの数百メートルを歩きながら汗を拭き、腕時計の針を見ると、すでに一二時半を過ぎている。一時間半か、ずいぶん長く話していたんだな――。取引先との商談や社内会議も詰まっている一〇兆円企業のトップが、これだけの時間を割いてくれたことは驚きだった。

今日が天王山と意気込んでいたが、井阪社長の返事は四者会談や団体交渉のときからほとんど変わるものではなく、踏み込んだひと言もなかったし、本音らしきものも感じ取ることはできなかった。

酷暑のなかを麴町の駅まで歩きながら、思わず溜め息が出た。

やっぱりこの人とは分かりあえないんだろうか……。井阪社長の本音を聞くことで、今後の交渉方針が見えてくると思っていたが、分かったのは「いま、このタイミングで何を言っても難しい」ということだけだった。自分の無力さ、不甲斐なさに脱力した。

「寺岡さんと話ができて良かったと井阪さんが言ってました」

井阪氏は「(仲介してくれて) ありがとう」と言っていたと翌日、池袋の本社で顔を合わせた山口副社長から伝えられた。

「そうですね、いろんなことが分かりました……ありがとうございました」

真面目な人であることは間違いないが、その一方で頑固な面もあるという社内の井阪評は聞いていたし、交渉を通じて私自身も似た印象を抱いていた。

「事実ではない話です」

八月末と予想される株式譲渡に向けて、緊迫感が高まっていた。

組合員によるスト権投票で圧倒的な賛成を得ていたが、組合員からは、否定的な意見も届いていた。

〈田口新社長は前向きなメッセージを出しています。組合はストを打つつもりなのでしょうか。メディアに出る前に組合員に情報を開示してください〉

私がいくつかのメディアの取材を受けたことが、「組合員のほうを向いていない」と受け取られたようだ。これには心が折れそうになった。

組合員の皆さんに対して、隠していることは何ひとつなかった。積極的な情報発信をしたいのはやまやまだが、われわれにも情報がなく、伝えられることが何もないから必死に会社に対して情報開示を求め、会社に圧力をかけるためにリスク覚悟で取材を受けているつもりだったのに、組合員にその思いが伝わっていないのかと思うと、なんともほろ苦かった。

取材対応をほかのメンバーに任せず、すべて一人で背負っていたのは、今後の組合活動を託す坂本や割石に負担をかけるべきではないと思ったからだ。しかし、それもスタンドプレーのように思われたのかもしれない。

池袋西武という「働く場」を残したい、百貨店という事業を次世代につなげたいという使命感だけでここまで走ってきたが、その思いが組合員に伝わらないことほど寂しいことはない。心がキリキリと痛んだ。

すでに七月末には、フォートレス社のアメリカ本社と在日代表に対し、スト権を確立したことを通告する通知書を送っていたが、八月一八日の金曜に再度、労組としての現状認識をセブン&アイとフォートレス社に送った。

一八日と翌週の二二日には団交分科会が行われ、そごう・西武経営陣やホールディングス側の現状認識について説明を受けた。セブン&アイ労連の渡邊会長の提案をきっかけに始めたもので、私は出席していないが、坂本、割石らは「新たな情報もなくあんまり意味のない会議でしたね……」とこぼしていた。

もはや株式譲渡という流れは止まりそうもなかった。

観測史上もっとも暑い夏は、われわれ組合員にとっても焼け付くような日々だった。

二一日には百貨店の友好労組を代表してＵＡゼンセン流通部門百貨店部会の西嶋部会長（髙島屋労組）と、旧セゾングループ友好労組を代表してクレディセゾン労働組合の佐藤委員長が「株式譲渡に関する意見表明」を経営側に提出している。

二三日には、フォートレスの山下明男在日代表、劉勁《りゅうじん》マネージング・ディレクターがはじめて出席し通算六回目の団体交渉が行われた。

この日朝、ＮＨＫがそごう・西武売却について速報を流していた。それによると二日後の二五日にセブン＆アイの取締役会を開き、売却の最終決議をするという。まもなく共同通信と時事通信もＮＨＫの報道を後追いした。

各社とも、セブン＆アイ経営幹部から相当確度の高い情報を得ているのだろう。事態がかなり煮詰まっていることは明らかだ。

この日の団交で、労組側は割石が口火を切った。

「本題に入る前に、今朝、インターネットでニュース速報が流れ、それによると八月二五日に当社の株式売却について臨時の取締役会・株主総会が開催され、決議するとのことですが、事実かどうか、まず冒頭お伺いしたいと思います」

ところが井阪社長は、報道の内容を否定した。そもそも記事を読んでいないし、十分な議論をして理解を得たうえでクロージングする、だから現時点で決まっていることはないという。

続けて坂本が西武池袋本店の借家契約内容について質《ただ》した。

新たに「大家」となるヨドバシから契約満了後に「出て行ってくれ」と言われたら、われわれはもう池袋の地で営業を続けることができない。そんな先の見えない契約をなぜ呑んだのか。

この質問には、同席しているフォートレスが回答した。それによると、借家契約の期限はヨドバシとの交渉の結果、なんとか勝ち取った年数なのだという。はじめの段階ではもっともっと短い契約年数を提示されていたが、それを押し返して、ようやくこの年数になったという。

池袋の地で今後も確実に百貨店事業を続けるためには、将来そごう・西武の業績が好転した時点で不動産を買い戻すことができる条項などを契約に盛り込んでほしいと思っていたが、それもないようだ。

ヨドバシ側は百貨店との協業ではなく、ヨドバシカメラ単体で業容の拡大を目指している。カネを出すのは、百貨店業に可能性を感じているからではなく、西武池袋本店の不動産が欲しいからだ。今回の契約内容から、それははっきりしていた。

かつて二〇〇六年にそごう・西武を買収したセブン＆アイの鈴木敏文氏はイトーヨーカ堂、セブン‐イレブンとそごう・西武の協業によるシナジーを期待していたが、ヨドバシはきわめてドライな判断をしている。

セブン＆アイやフォートレスはそれを分かっていながら、西武池袋本店の不動産を売り渡そうとしているのだ。

私は自らの経験を踏まえ、池袋本店がいかに重要かをあらためて説明した。

「当社にとって西武池袋本店が生命線であり、その浮沈にそごう・西武全社の存続がかかっているという危機感があるとご理解いただければと思います。

この賃貸借契約を前提とすることで、どうしても入っていただけないお取引先、ブランドが出てくるということもすでに現実化しています。改装中の広島店では九割はどのラグジュアリーブランドが当社から離れていこうとしています。いまの池袋本店の売り上げシミュレーションも、北側の坪効率がいい場所にヨドバシカメラが入り、坪効率が厳しい残りの南側にわれわれが入るにもかかわらず、いまより坪効率が上がるというの（想定）は非現実的と見ています」

四者会談や団体交渉を重ねるなかで、セブン&アイ経営陣からは繰り返し「池袋一本足は脱却せよ」と言われていたが、それでも言いつづけるほかない。それしかそごう・西武を守る道はないからだ。

この日の団体交渉終了後、セブン&アイの遠藤社長室長から携帯電話に連絡が入った。

「寺岡さん、先ほどの団交で質問のあった二五日の臨時取締役会の件ですが、あれ誤報ですから」

「…………」

遠藤氏が電話してきたということは、井阪社長からなんらかの指示があったということだろう。これまで執拗に個別の報道にいちいちコメントしない、反応しないと言ってきたにもかかわらず今日だけは報道を、どうしても否定したかったということのようだ。

のちに耳にした話では、実際に各取締役には二五日に招集がかけられていたという。NHKや共同、時事の報道があったためか、予定されていた取締役会は急遽キャンセルしたようだった。

突如選任された三人の取締役

二五日金曜――。われわれはそごう・西武本社六階の組合事務所にいたが、なにやら朝から人事部や役員大会議室などがある上層階が慌ただしい動きになっているのを感じていた。関係者がバタバタと出入りし、取締役会に向けて必要な準備を進めていた。

当初の報道ではセブン&アイの臨時取締役会があるとされていたこの日、そごう・西武で臨時の取締役会が開かれていた。

「昨日そごう・西武株主総会の決議があり、私たちが新任取締役に選任されました」

セブン&アイから派遣された三名の「新任取締役」が臨時取締役会に突然出席し、そう通告したという。

そごう・西武の株は一〇〇パーセントセブン&アイが保有している。セブン&アイ社長の井阪氏がたった一人で「株主総会」を開き、取締役変更を決議することが可能である。

前日までの時点でそごう・西武の取締役は一〇名いた。三名の「新任取締役」を加え、一三名となる。セブン&アイ・ホールディングスから派遣されたのが八名で、残る五名がそごう・西武出身となる。勢力図は八対五である。

万が一田口社長、山口副社長のどちらかが裏切ってそごう・西武プロパー派に肩入れしたとしても、七対六である。

実際、田口社長、山口副社長の「造反」の可能性はあったと私は思っている。

ご本人から直接聞いたわけではないが、田口社長は「俺の任期は一ヵ月かもしれない」と言っていたそうだ。林前社長の解任によって田口氏が新社長となったが、一ヵ月後には株式譲渡契約の議決が予想されている。そこでの対応次第で林前社長と同じことになる、つまり、社長を解任される。自分が解任されることによって議決自体を遅らせ、今回の株式譲渡自体の再考を促そうとしているのかもしれない——田口社長にはそんな気配が漂っていた。

山口副社長はどうか。

こちらもその心中を直接聞いたことはないが、山口氏は会社売却の契約完了後の九月一日付でそごう・西武の取締役を自ら退任した。

新任の三取締役はこの日の取締役会で「株式の譲渡制限に関する規定」を変更する議案を出した。

〈当会社の株式につき設定された担保権の実行（法定の手続によるもののほか、法定の手続によらない任意売却又は代物弁済による実行を含む。）に伴う担保権者若しくはその子会社若しくは関連会社又は担保権者の指定する第三者に対する譲渡による株式の取得について

は、株主総会の承認があったものとみなす〉

一読して理解の難しい難解な表現は、セブン&アイの顧問を務める西村あさひ法律事務所が助言したものだろうか。

「担保権者」、つまりセブン&アイが指定する相手に対する株式譲渡は、そごう・西武の株主総会の承認を必要としない。そごう・西武の株式譲渡にそごう・西武経営陣は関与できず、債権を持つ親会社の決定に従うだけということになる。

この「三役員追加」という新人事と定款変更で、井阪社長の腹のうちは分かった。強行突破だ。

新任の三役員が提出した議案はこの日、取締役会で承認された。これによって田口社長、山口副社長が造反し、反対する余地も封じられた。

ここまで来たら、もう迷っている場合ではない。リアルにストの準備をしないと……そう感じはじめていた。

坂本や割石も、交渉の進め方にはかなりの疑問、違和感を訴えるようになり、三役のメンバーのテンションは上がってきている。

労働組合事務所に、中央執行部の役員を集めた。

「ホールディングスは取締役会はないと言っていたが、裏側でそごう・西武の取締役会を開催して骨抜きにした。もはやうちの経営陣も機能しない。これまで以上にこっちが踏ん張るしかない状況になった」

「分かりました」

それまで、ストライキに踏み切るかどうかは五分五分、できればやりたくないと思っていた。本当に営業を止めたら、社会的にどんなインパクトがあるのか。取引先の反応はどうか。ずっと葛藤が続いていた。

ストをやるにしても、池袋本店一店舗でということはすでに心に決めていた。池袋は今回の株式譲渡で店舗面積を半分にされてしまうという意味でまさに当事者だったし、それだけに池袋本店の社員の理解は得られるのではないかと思っていた。四月に街頭署名をしたときのお客さまの反応を見ると、地域の皆さんは比較的われわれに好意的な反応だった。

それでも実際ストとなったら、どうなるかは分からない。もし労組が池袋本店でストをすると決めても、会社は本部社員や他店の社員を集めて店を開けてしまうかもしれない。そうなるとインパクトは半減する。人をかき集めて午後から店を開けるとか、食料品のフロアだけ営業するということも考えられた。

現実にどのような事態が想定されるのか考えていくと、そう簡単な話ではなかった。

「雇用の維持、事業の継続、情報開示」――これまで、この三条件はいっさい変えず、ぶれることなく貫いていた。ストライキを打つとしても、この大義は変えず、貫き通すのが大前提だ。しかし、この三条件で本当に社会を納得させられる説得力があるのかどうか確信が持てなかった。

八月以降、セブン&アイ経営陣は団体交渉で雇用の維持や事業継続を約束すると口にしている。

その状態でストを打って世論の共感を得られるのか。上部団体のUAゼンセンは、ストには否定的だった。「ストを打つ大義はなくなった」というのである。

ここまで来たら、一人で決断するほかない。

悩みに悩んだ。世論の反発を買うだけで逆効果になる可能性も十二分にあった。

それでもセブン&アイ経営陣のやり方には、どうしても納得できないものがあった。「どうせ組合にはストライキをやる度胸も根性もないよ」――そう言っているという話も耳に入っていた。組合という組織、存在、さらには従業員の争議権をないがしろにされるのは許しがたい。

セブン&アイは投資ファンドから「コンビニ事業に集中せよ」と要求されている。今回、そごう・西武という百貨店事業を切り離したとしても、近い将来イトーヨーカ堂などほかの事業の切り離しも求められるだろう。

セブン&アイグループ労働組合連合会の一員として、その先陣を切って離脱するわれわれが経営側の要求にどう対応するかは、前例となって残るのだ。

その意味でも、絶対に妥協できない。


労働協約上、ストライキの四八時間前までには経営側に予告通知をする必要があった。仮に八月三一日をスト実行日とすると、来週月曜の二八日がタイムリミットとなる。

この日、ストライキについて以前から相談していた旬報法律事務所の徳住堅治弁護士、奥川法律事務所の伊藤尚弁護士と割石、私の四人で急遽、ズーム会議を行った。棗一郎先生は不在だったが、徳住先生も長年労働問題に取り組んでこられた大ベテランである。

割石には、「とにかく、事前にできることはすべてやろう」と指示していた。

池袋署への事前の打診でビラ配りだけであれば手続きは不要と聞いていたが、デモ行進を行う場合は豊島区にも申請の必要があるという。豊島区にはこれまで街頭署名運動の際、集まった署名用紙を提出していて、パイプがないわけではない。豊島区役所にも事前に出向いて、高際区長にも挨拶していた。

「区長の立場でいいとか、悪いとかは言えませんが……」

区長はそう言って言葉を飲み込んでいた。ストライキに必ずしも否定的な気持ちは持たれていないようだ。

徳住、伊藤弁護士との打ち合わせのあと割石が豊島区と連絡をとり、東池袋中央公園を出発して約一時間で元の公園に戻るデモ行進の申請をした。

「いつやるんですか」

「必ずやるとは決めていませんが、やるとすれば三一日になります」

「うーん、ちょっと申請が難しいかもしれないですね……」

どうやらすでに申請の期限ギリギリになってしまっているようだ。

「いまから申請書をとりに行ってたら間に合いません。本当にデモやりますか？」

その瞬間、頭の中が真っ白になった。割石の口ぶりには、デモの実施を危ぶむ気持ちが滲んでいた。「やれることはすべてやる」と言ってきたのに、申請期限に間に合わなかったためにデモが実施できないなどシャレにならない。

とにかく行動しかない。別の手段がないだろうか。

あらためて確認すると、どうやらネットでの申請もできるらしいと分かった。これならリードタイムなしで滑り込めそうだ。

「大至急申請書を提出してくれ！　最優先で」

割石に声をかけ、その間に豊島区に直接連絡をとった。担当の方を拝み倒し、このあとすぐにネットで申請することを約束して、期限内ギリギリ、滑り込みで公園の使用許可をいただくことができた。

さらに計算外のことも起きた。

予定していたデモのルートを池袋署と最終確認したところ、「それだと巣鴨署の管轄区域も通りますね」との指摘を受け、急遽巣鴨署にも届けを出すことになったのだ。実際の許可証交付はデモ予定日前日の三〇日になるという。もうてんてこ舞いだ。いつも冷静な割石が珍しく時間に追われ、かなりテンパっていた。

「なんだか慌ただしくて忙しそうだね。大丈夫?」

前任の川﨑委員長は一八年にわたって労組の専従を務めたあと、本部勤務となり、このときは偶然、組合事務所と同じフロアで勤務していた。

廊下ですれ違うと心配そうに声をかけてくれる。組合OBから見ても、このときのわれわれ労組中央執行部の動きは余裕がなく、ドタバタに映っていたのだろう。

急ピッチでストライキとデモの準備を進めながら、「最後の最後で、セブン&アイが考え直してくれたらいい」と思っていた。組合がストライキ予告を通知することで九月一日に予定されている株式譲渡契約の完了をいったん延期してくれれば、ストを打つ必要はなくなる。

セブン&アイ、それを率いる井阪社長が再考してくれることを祈っていた──。

誰に向かって口をきいてんだ

ストの準備に向けて、嵐のような一日となった二五日金曜の夜零時三七分、携帯電話に着信があったが、深夜で気づかず、とることができなかった。

翌日土曜の朝に確認すると、井阪社長からの着信だった。自宅から折り返し電話したが、このときは先方が応答せず、夜になって山口副社長からの連絡があった。

この日、セブン&アイ本社では取締役、執行役員が招集されてそごう・西武の株式譲渡を決行するかどうかの会議をやっていたと言う。

「寺岡さん、もう一度井阪社長と話してもらえないですかね……」

そんな話をしていると、もうひとつの着信があった。井阪社長だ。

「もしもし、寺岡さん井阪です。ストライキだけは絶対やっちゃダメだ。インパクトが大きすぎるよ。小売業やってて、ストなんてやっちゃダメだと分かっているでしょ」

「それは分かってます。だから、やりたくないとずっと申し上げている通りです」

「じゃあやめましょうよ、やっちゃダメだ」

「社長、ストをやめる条件は、九月一日に株式譲渡をするのではなく、継続協議にしてもらえればいいんです。そうしたら回避しますから。そういう方向で動いてもらえればボクらもやるつもりはありません」

「協議はするって言ってるじゃないか」

「協議って、事後協議じゃ意味がないんですよ」

「なんで意味がないんですか。オーナーが代わっても雇用を維持するって言ってるじゃないか。決議をしないと取引先との交渉も進まないでしょ。改装計画も組めないし、要員の雇用体制も決まらないじゃないですか。だから早く決めて、話し合いのテーブルにつこうよ」

「社長、なぜ決議しないと取引先と交渉できないんですか。決議しなくても交渉すればいいじゃないですか。株式譲渡契約の中に雇用についてあれこれ書かれていたら、そのあといくら話し合いをしても、その枠内でしか交渉できないでしょう。それでは話し合いと言えないですから、条件が決まる前に協議してほしい、事前協議をしてほしいと申し上げているんです」

井阪社長はだんだん興奮して、口調が荒くなってきた。互いに感情的になり、怒鳴り合いのようになった。

「あんた、そんなこと（ストライキ）やったら会社が潰れるぞ！」

「あんたって、誰に向かって口をきいてんだ！」

最後は「ではまた電話しますから、よく考えておいてください」と言って電話は切れた。

着信記録を見ると二一時四〇分から六五分間の会話を交わしている。私は自宅の自室で話していたが、九歳の娘がまだ起きていて、私を待ち構えていた。

「パパ、誰と話してたの？」

「この人だよ」

そう言ってスマホの画面を見せた。娘が後日、テレビに映る井阪社長の顔を見て「こないだパパとケンカしてた人だね」と言い出したので吹き出してしまった。

「ケンカしてたわけじゃないよ。お互い仕事で、ちゃんと話をしているから大丈夫だよ」

会社の幹部に聞いても、井阪社長の電話はとにかくしつこくて、長いという。相手がウンと言うまで何度も何度も諦めずに電話をかけ、話しつづけるのが常だという。

セブン－イレブンの敏腕バイヤーだったことは知っていたが、そのときも価格、商品特性、納期など決して譲らず、要求しつづけたのだろう。取引先の苦労が想像できた。

後藤の覚醒

週が明けた月曜、二八日の午後一時半から旧体制の経営陣とは最後となる団体交渉が行われた。前回、二三日の団体交渉のあとも、様々な報道が飛び交っていた。多くのメディアが、九月一日が会社売却の完了日だと報じている。

しかし会社側からは、相変わらずなんの正式な情報提供もなかった。誰がメディアにリークしているのか分からないが、直接の利害関係者である社員や、労働組合に対してなぜ最優先で情報提供されないのか。

報道されているような、九月一日の売却完了は事実なのか。「いま決まっていることはない」「報道されていることは事実ではない」は井阪社長の常套句《じょうとうく》だったが、その言葉を鵜呑みにできないのは明らかだった。

この日の団交に臨むにあたり、出席する三役のメンバーには、「今日が最後の協議になるかもしれないから、言いたいことが言えなかったと後で後悔しないように、思いの丈を包み隠さずぶつけてくれ」と伝えていた。ホールディングスの取締役に忖度《そんたく》することなく、組合員の代弁者として言いたいことを言ってほしかった。

いつもは大人しい後藤も、今日は顔を紅潮させている。

池袋本店書籍館九階の役員大会議室で行われたこの日の団体交渉では、井阪社長が例のごとく報道を否定し情報漏れはないと強弁した。

「いまの段階でもクロージング日をいつにするかまだ決めておらず、どこからリークされているのか遺憾であり、残念です」

一方組合側は坂本が口火を切った。

「この場で言えないことが推測であるにせよ報道され、私たちが知らないようなことが報道されていること自体が、誠意を持って対応していただけていないと思います。セブン＆アイ・ホールディングスとして情報統制しようと思えばできるはずではないでしょうか」

報じられていた二五日の臨時取締役会こそ延期されたようだが、それ以外はほとんどの場合、報道された通りにその後の事態が進行している。つまり、リークはあるのだ。それもセブン＆アイの相当高いレベルの経営幹部から。「誠意を持って対応していただけていない」という坂本の追及は、私から見れば遠慮気味にさえ聞こえた。

続けて坂本は以前の井阪社長自身の発言との整合性を追及する。

「（二五日の）取締役の追加について、経営課題が複雑多岐にわたり、専門的に進めるためと伺いましたが、仮に二四日に取締役の選任が株主総会で決まったのだとすると、それも二三日の時点ではインサイダーになるから、われわれにも言えなかったということでしょうか」

「その段階では団体交渉の議題ではなかったこともあり、申し上げなかったのかもしれませんが、もともと三名の追加選任を行う予定でした。ただ、それによっていままで私どもが話してきたことが何か変わってしまうとか、重大な変更をもたらすことに繋がるという事案ではなかったことから、報告しなかったと思います」

そのとき、書記長の後藤が突然割って入った。

「率直に申し上げて、いま、井阪社長が仰ったことはまったく信用できません！」

後藤の言葉に、思わず息を呑んだ。

「誠実に協議をするための場である団体交渉が継続しているにもかかわらず、三名の取締役を送り込む行為、この株式譲渡の件に関しては、言葉を選ばずに言うと取締役会決議でホールディングス籍の取締役が過半数を上回るための数合わせだと現場の組合員は思っています。少なくともいま、組合との協議中にやるべきことではないし、納得できません。そもそも、今回の株式譲渡の件はそごう・西武の取締役会でも決議をする事案だと聞いていますが、それは変わっていないという認識でいいでしょうか」

おお！　後藤、やるじゃないか。

外商セールス出身でお客さまとの関係をつくることに長《た》け、良くも悪くも「いい奴」で、その分、経営陣に対して強く主張することをやや苦手にしていた後藤が、最後の最後に井阪社長に正論をぶつけた。土壇場まで追い込まれて、ついに一皮剝けた。

「後藤書記長は信用できないとのことですが、なんのために株式譲渡を行おうとしているかについて、あらためて申し上げます。要は事業の継続、企業の存続、そして雇用の維持のためにやろうとしているその大元のところはぜひご理解いただきたいと思います。

それをできるだけ速やかに瑕疵《かし》なく進めるための手続きをやらせていただいて、一方で事業計画、雇用の維持については真摯にこういった団体交渉の場で話をさせていただきたい」

後藤の疑問に対して、井阪社長は真正面から答えようとせず、論点をずらして逃げているように聞こえた。

これまでろくな情報提供もしていなかったにもかかわらず、複雑な内容の会社売却をいきなり「飲み込め」「認めろ」と言われても納得できるはずがない。

セブン&アイ経営陣の口ぶりは、そごう・西武は実質的にもう倒産している企業だと言わんばかりだった。このディールを進めなければ会社が潰れる、三〇〇〇億もの負債を抱えて生き残っている流通小売業はほかにないと畳みかけ、会社を売るか倒産（清算）するしかないと二者択一を突きつけ、判断を強いる。

しかし、それはおかしいというのがわれわれの考えだった。ヨドバシカメラにだけ有利な契約を慌てて結ぶのではなく、交渉を延期し、再考したり、百貨店事業の継続のためにもっとふさわしい交渉相手を探すこともできるはずだ。

「素朴な疑問ですが、井阪社長がそう仰るのであれば、なぜ当社の経営陣はみな賛成してその事業計画を進めようとしないのですか。数の論理で取締役を送り込まなくても、経営の皆さんのなかで話し合いをして、今回の事業計画を進めればいいのではないですか。

当社の経営、田口社長はじめ十分にまだ納得しておらず、不安があるからこそ進められない。前任の林社長はそういったこともあって、声を上げたら解任されたというなかで、株式譲渡日の期限が存在していて、クロージングするために取締役を送り込んでいるとしか思えません」

「そう思うのは勝手ですが、それは事実とは異なります」

「そう思うのは勝手……では組合員の前で、そう話してみてください！」

声を荒らげる後藤。本来、こういった協議の場では感情に任せて発言すれば負けだ。売り言葉に買い言葉になるだけで、生産的な議論にはならないからだ。

しかしこのときばかりは、そんなことはどうでもいいと思っていた。むしろいままで大人しく対応しすぎていたのかもしれない。後藤の言葉は確かに感情的だが、組合員の怒り、不信感はこんなもんじゃない。

後藤、もっと言え！　感情的に訴えろ！　最後は俺が引き取るから――。

「思う、思わないではなくて事実の話をしています」

井阪社長は後藤の追及に真正面から応えようとせず、自分の言うことだけを言うという態度だった。四谷の本社で向き合ったときにも感じたことだが、井阪社長はどこまでいっても「腹を割って話す」ことのない人だ。

この日の交渉を締めくくるにあたり、委員長として言うべきことは言っておかなければならない。

「事実は『株式譲渡ありき』の強硬策で、これを信じてくださいと言われても、なかなか難しいと感じるのが社員感情だと思います。経営施策だと言われても、それがまともな経営施策なのか、誠実な行動なのかと問われれば、組合員はそのように見ないとわれわれは考えています。

株式譲渡を九月一日に完了することは事実ではないということですが、速やかにクロージングすべきというお考えが変わらないということは、私たちの理解・納得度にかかわらずクロージング決議がなされる可能性を否定できないと受け止めざるを得ません」

そう前置きし、最後にこう通告した。

「したがって、労働組合としては、本日この協議をもって八月三一日を開始日としたストライキ実施について予告通知をさせていただきます」

苦り切った表情の井阪社長との間に入るように、そごう・西武の手塚徹人事部長が発言した。

「いまの宣言は、八月三一日にストライキを実行するという宣言だということでよろしいでしょうか……。ストライキ権が労働組合に認められた権利であるのは事実ですが、やる必要がないならばやらないほうがいいに決まっていますし、もちろん労働協約に基づいて実行されるものだと思っています」

「労働協約に則って、あらためて書面で正式通知させていただきます」

一時半から始まった団体交渉が終わったのは午後三時だった。結局、これが井阪氏と団体交渉で向き合う最後の機会となった。

俺たちは孤立無援ではない

重い身体を引きずって階段を降り、六階の組合事務所に戻った。

団体交渉に大きな期待を持っていたわけではないが、それでも、ひょっとしたら井阪社長がわれわれの言葉に耳を傾け、会社売却の延期や、再検討を考えてくれるのではないかと期待する気持ちがあった。

しかしその期待も、裏切られることになってしまったようだ。

一時間後の夕方四時からは、ストライキを予告通知したことを公表する記者会見を予定していた。

時間には余裕があると思っていたが、事務所で作業しているうちにあっという間に開始時間が近づいてきている。

この間、新聞やテレビの記者からの問い合わせで電話は鳴りっぱなしである。事務所のある西武池袋本店書籍館の外に張り込んでいる記者もいるようだ。このまま事務所を出たら、間違いなく記者に捕まって身動きできなくなるだろう。彼らが聞きたいのは、ストをするのか、しないのかその一点だけだ。

言質をとられてしまえばそれがニュース速報になって流れ、四時からの記者会見の注目度は大きく下がる。

今回の会見場には、旧セゾングループの西友労働組合のご厚意で、大塚駅前にある西友労組会館を貸していただくことになっている。

前回、七月二五日のスト権確立を報告する記者会見では、約二〇社四〇名の記者が貸し会議室に詰めかけたが、いまはあのとき以上に報道が過熱していて、確実にそれ以上の数になるだろう。今回は事前の出席も確認していなかったので、なおさら予想がつかない。会場側にも迷惑をかけたくない。その点、西友労組会館なら使い勝手もよく分かっている。

大塚までは池袋から電車に乗れば一駅で、普段なら当然、電車移動だが、記者に囲まれてしまうのを避けるために割石と二人でタクシーで向かうことにした。

通用口を抜け、表通りに出たが、こんなときに限ってタクシーはなかなかつかまらない。ようやく停まってくれたタクシーに乗り、ふうと息を吐いた。

会見で大まかに何を話すかはもちろん頭にあったが、細かい想定問答を作り込む余裕はまったくなかった。ほとんどぶっつけ本番と言ってもいいかもしれない。

西友労組会館の前には予想通り記者が溢れ、われわれの到着を待ち受けていた。タクシー料金の支払いは割石に任せ、記者をかきわけて控え室に進む。

「委員長、スト通知はしましたか！」

「いま手続き中、ちゃんと会見で答えるから配信はそれからにしてください」

チラリと目をやると、何度か取材に来た顔なじみの記者の顔があった。

西友労組会館の会見場のテーブルにははじめ、私の名前を書いた垂れ幕だけがかかっていたが、会見の開始直前に新たに五枚の垂れ幕が貼られ、報道陣をどよめかせた。

スト権行使通知についての記者会見には、友好労組の委員長５名が同席した（産経新聞社提供）

髙島屋労組・西嶋秀樹委員長
クレディセゾン労組・佐藤光明秀員長
三越伊勢丹グループ労組・菊池史和委員長
大丸松坂屋百貨店労組・大島宗孝委員長
阪急阪神百貨店労組・宮本護委員長

五つの労組の委員長が一堂に会し、今日の会見に同席する。カメラマンが駆け寄ってバシャバシャと垂れ幕を撮影しはじめた。

会見直前に五枚の垂れ幕を下げたのは、森島万美子執行委員の発案である。店舗の販売促進部にいた経験を生かし、もっとも効果の上がる劇的な演出を狙ったのだ。

「五人の垂れ幕が出て、会見場の雰囲気が一変しましたよ」

スタッフの一人がそう控え室に報告に来てくれた。森島の狙いは当たった。

七月の会見では私一人で会見に臨んだが、今回は各社の委員長がずらりと並ぶことになる。そごう・西武は一人ではないということをメディアに、そしてその向こう側にいる多くの人たちに示すことができた。

各労組の委員長が会見に同席してくれることになったのは、八月中旬の西嶋委員長、佐藤委員長とのズーム会議がきっかけである。

「前回の会見、寺岡さん一人でしたよね。何かわれわれで協力できることはありませんか」

「ありがとうございます。他労組の方に迷惑をかけることもできないですし、会見をするかどうかさえ、いまのところ決めていないんです。そもそもUAゼンセンからは次に会見をするとしたらゼンセン主導でと言われていますので、残念ながらボクらに主導権はないんですよ。やり方を含めて、どうなるか分からないんです。もし会見することになったら、あらためて相談します」

上部団体のUAゼンセンからは「ストライキの実施は（そごう・西武の）単組判断で」と言われている。ストライキにも、会見にもゼンセンの協力は得られそうにない。そのことが分かって、むしろ西嶋委員長の男気に火がついたようだった。

「寺岡さん、われわれ単組名義でしか出られないですけど、記者会見をするなら同席できるように動きますんで。よければ百貨店部会のほかの労組にも私から相談しておきます」

本当にありがたい申し出だった。どうやら西嶋さんは内々に髙島屋労組としての動き方をゼンセンと協議してくれているようだ。

「申し訳ない。髙島屋労組単組の名前だとしても、賛同がもらえるようでしたら私としてはぜひ参加していただきたいと思います。ただご自身の執行部は大丈夫ですか」

「組合員から何を言われるかはありますけど、自分の組織に関しては自分がなんとかしますから。三越伊勢丹の菊池さん、大丸松坂屋の大島さんに話したら、二人とも『目の前で困っている労組があるなら、そっちにつくべきですよね』と言ってます」

即答だった。このとき西嶋委員長はゼンセンで百貨店部会長、副部会長が三越伊勢丹の菊池委員長と、大丸松坂屋の大島委員長である。いわゆる百貨店大手五社はこの三社に加え、阪急阪神百貨店労組だが、その宮本委員長も「会見するとなったら、大阪から駆けつけます」と言ってくれたという。

孤立無援と思われた交渉のなかで、涙が出るほど嬉しい言葉だった。百貨店各社労組の友情を実感した。

「分かりました。本当にありがとうございます。その意を汲ませてください。具体的になったら、ご連絡させていただきます」

「二八日の団交が決裂した場合、会見をやることにしました」と西嶋委員長に連絡したのは会見直前の二五日だったが、会見場には四社の労組委員長、セゾングループの一員だったクレディセゾンの労組委員長が駆けつけてくれた。みな事前の予定を急遽キャンセル、調整し時間を割いてくれたのだ。

会見で何を話すかは事前に決めていなかったが、いままで四者協議や団体交渉、訴訟で記者会見を重ねて頭は整理されてきている。先ほどの団体交渉の内容を踏まえ、自然に言葉が出てきた。

今日の会見で報道陣にぜひ見てもらいたい映像があった。スト権確立のための組合員全員投票を決議した、六月の臨時中央大会の録画記録である。

そのときの挨拶、出席者の表情など、われわれそごう・西武労組がどれだけ重いものを背負ってストライキ決行と向き合ってきたかを感じてほしかった。映像は非公開で、記者会見の会場限定で流すだけだ。これを見れば、ストライキが中央執行部のスタンドプレーや、独走ではないと分かってもらえるはずだ。

四時からの記者会見はひと通り質問が出尽くしたあとも終わらなかった。数十人の記者に囲まれ、いわゆる「ぶら下がり」と呼ばれる状態で、追加の質問を受けた。

ようやくひと区切りついたときには、一時間以上が経過していた。会見に同席してくれた四人の百貨店労組委員長、そしてクレディセゾン労組委員長は、さすがにもう引き上げているだろう、せめてひと言、お礼を言いたかった――。

控え室に戻ると、驚いたことに、五人の委員長全員が私が「ぶら下がり」から解放されるのを待って残ってくれている。

「こんな時間まで申し訳ない」

思わず頭を下げた。

「何言ってるんですか。逆にこんな大変な状況でよく一人でやってましたね」

今日の会場を提供していただいた西友労組の宮川敬広書記長もいる。

「宮川さん、今日はありがとう。おかげで助かりました」

「いえ、われわれはこんなことしかできませんが……」

宮川さんは多くを語らず、ほかの委員長たちの後ろに隠れるように立っていたが、その思いが身に沁みた。二ヵ月前、セゾングループの労組幹部有志十数名で、鎌倉にある堤家の菩提寺を訪れたことが頭をよぎった。資本関係はなくなったが、今後もグループの歴史をつないでいこうと誓い合っていた。二〇年前に解体してしまった旧セゾングループのつながりが、こんな形でまだ生きているのだ――。

明らかなスト潰し

しかし、各社の労組委員長に礼を言い、見送ったあとも、激動の一日は終わりではなかった。事務所に戻ってまもなく、セブン&アイがストライキ予告通知に対する見解を公表するという一報が飛び込んできた。

当然労働組合としても、なんらかの反応を求められる。この日夜、セブン&アイは以下のような文書を公表した。以下要点のみ抜粋する。

そごう・西武労働組合によるスト予告通知を受けて

この度、そごう・西武労働組合より、2023年8月31日にストライキを予告する声明が公表されましたことを受け、当社としての見解を以下の通りお知らせいたします。

1. これまでの当社の取り組み

(1) そごう・西武の雇用維持及び事業継続に関して

そごう・西武が再成長を実現するため、①有利子負債の返済を通じ、抜本的な構造改革を速やかに進める体制の構築が不可欠であり、②その上で新たなオーナーシップの下での成長戦略に舵を切ることが、真の「雇用維持」及び「事業継続」を実現する上で不可欠であると判断いたしました。

（2）現状の打開に向けて

本件譲渡の公表以来9カ月が経過しており、そごう・西武のお客様、お取引先様、従業員等のあらゆるステークホルダーの皆様に少なからぬご心配、ご不安が広がるとともに、西武池袋本店を始め各店舗の事業運営にも悪影響が生じております。また、本件譲渡の遅延は、譲渡完了後にフォートレスの下で期待されるそごう・西武の成長投資が速やかに実行出来ない状況を招いております。

本件譲渡の一日も早い実現こそが、雇用維持及び事業継続に最も資するものであり、当社及び株主の皆様をはじめとする当社のステークホルダーの皆様の最善の利益に合致するものと確信しております。

2．これまでそごう・西武が誠実な協議を続けていたこと

そごう・西武は、そごう・西武労働組合が要請する社員の雇用維持及びそごう・西武の事業継続に関する団体交渉及び協議において、そごう・西武がフォートレスの協力を受けて真摯に作成した本件譲渡後のそごう西武の再生計画や雇用維持に関する方針につ

いて詳細に説明し、当社も、当該協議においてそごう・西武に対する支援を行って参りました。そごう・西武は、本日に至るまで、そごう・西武労働組合との間で、当社が関係人として参加したものだけでも4回に亘り団体交渉を実施し、本件譲渡の背景・内容及び再生計画について、下記3の事項も含め、詳細な資料を用いて説明し、その内容について協議を継続してまいりました。

3．当社による本件譲渡後における雇用維持への協力

仮に、西武池袋本店のリニューアルのために、そごう・西武の正社員に余剰人員が生じた場合、そのような余剰人員も、上記のとおり一義的にはそごう・西武による新規事業や他店への配置転換等により対応される予定ですが、当社としても、当社グループにおける人員の受け入れを含めフォートレス及びそごう・西武に適切な範囲で協力し、また、そごう・西武による団体交渉や協議に関与者として適切な範囲で関与を継続する予定です。

4．本件譲渡に対する当社の考え方

当社は、本件ストライキが行われることにより、今後のそごう・西武の事業運営や上

記の再生計画の実行に支障が生じることを危惧しております。

団体交渉を含む協議の過程においては、そごう・西武からそごう・西武労働組合に対して十分な説明が実施され、そごう・西武労働組合からの質問に対して回答がなされています。加えて、上記のようなそごう・西武の状況及び本件譲渡後の西武池袋本店のあり方につきましては、豊島区をはじめとする地域関係者等のステークホルダーの皆様から同店存続に関する強いご要望をうかがい、計画を取りまとめてステークホルダーの皆様にも複数回にわたり説明してまいりました。その結果、ステークホルダーの皆様からも一定のご理解を得るに至っていると考えております。

5．結語

仮にそごう・西武労働組合によってストライキが実施されれば、お客様、お取引先様をはじめとする関係各位にご迷惑をおかけすることとなり、大変申し訳なく存じます。そごう・西武は、今後とも、そごう・西武労働組合との間で、雇用維持及び事業継続に関する団体交渉及び協議を継続するとともに、当社は、そごう・西武とそごう・西武労働組合との間の協議について適切な範囲で支援・協力してまいります。

文書を目にして、目を疑った。

労働組合とは「4回に亘り」団体交渉をしている、「詳細な資料を用いて説明」している、「十分な説明が実施され」、「質問に対して回答がなされ」ている……。

われわれは一年半にわたり、セブン&アイ経営陣と直接の労使交渉を要望してきた。その要望を「交渉当事者ではない」と拒否しつづけた挙げ句、交渉終結を目前にした八月になってようやく、バタバタと四回の団体交渉が行われた。その経緯は、本書にこれまでつづってきた通りだ。

「十分な説明」「詳細な資料」「質問に対する回答」など直前まで何もなかった。

それ以前に、何度要望し、抗議してもメディアに対する事前の情報リークが止まらず、組合員を疑心暗鬼にさせた。

豊島区をはじめとするステークホルダーからの「一定のご理解」という表現も、われわれからすれば正しくない。豊島区などはこの時点では、明確に計画を疑問視していたからだ。ストライキ予告通知に対して会社としての見解を示す必要があったとしても、この内容はあまりに恣意的《しいてき》で一方的に映った。

評判通りの執念深さ

翌二九日には、そごう・西武の人事部から寝耳に水の連絡があった。田口社長名で、労働委員会への斡旋調停の申請をするという。労働組合がストライキに踏み切った場合、「労使で意見の一致が見られない際に最善を尽くす」という労働協約に抵触する可能性があるというのである。

これは明らかなスト潰しだ。

事前に話し合い、労働委員会に話を持ち込むことなく労使の交渉で進めようと覚書まで交わしていたのに、なぜそんなことになるのか。想像もしていない話だった。

即座に労働組合としての見解、反論を文書で返し、人事部に口頭でなぜこんなことになったのか質すと、事情を知らないセブン＆アイ顧問弁護士からのアドバイスがあったためという。数多くのストライキを経験した旬報法律事務所の棗先生もさすがに呆れ顔で、「一方的に覚書を破棄した場合は不当労働行為にあたる」とする警告文を出すことにした。これ以上の動きを封じるため、念には念を入れた措置だが、まだ何をやってくるか分からない。

会社や執行部との打ち合わせを重ね、業務終了の時間が迫ったこの日夕方、携帯電話に突然の着信があった。

打ち合わせ中で出られず、折り返すと今度は相手が電話に出ない。

入れ違いを重ねたあと、ようやくつながった電話の相手は――井阪社長である。

「寺岡さん、本当にストライキをやるんですか」

「やりたくはないですが、会社の対応が変わらなければ、仕方ないですね」

短いやり取りの間、井阪社長はそごう・西武社長名の斡旋調停のことはひと言も口にしなかった。

この日夜二二時一四分、井阪社長からもう一度電話があった。

私は組合事務所にいて、テレビ東京のニュース番組「ＷＢＳ」を見ながら仕事をしていた。この日、ルイ・ヴィトンを経営するＬＶＭＨジャパン代表取締役のノルベール・ルレ氏が取材に応じ、西武池袋本店のルイ・ヴィトンの売り場移転を前提とする事業売却案には反対だ、と明言していた。

電話をとると、井阪氏はいつも通り前置きなしに本題に入った。

「どうですか、気持ちは変わりませんか。あなたがストはやらないと言ってくれればそれで済むんです」

「ボクは事前の協議を継続さえしてくれればいいんです」

「だから協議はするって言ってるじゃないですか」

「先ほどテレビでもやっていましたよね。LVMHジャパンの社長が、こんな計画はおかしいと言ってます。いまの計画のままでは着地しません。着地しなければ、いくら事後に協議したって元の木阿弥じゃないですか。そうだとすれば事業継続はできません。それが想定されるから、事前に協議したいと言っているんです。ボクはもともとルイ・ヴィトンともつながりがあったし、バイヤーもやっていたので、こんな計画だったら取引先がついてこないというのもよくよく分かります。全国有数の池袋の営業力、交渉力が落ちればほかの店にも影響していずれ崩壊する。その危惧があるから言っているんです」

「……寺岡さん、あなたルイ・ヴィトンにメシを食わしてもらってるんですか」

何を言っているのか。頭のなかに「??」が飛び交った。耳を疑った。

「食わしてもらっていませんよ。でも、今回はラグジュアリーブランドに出店いただけるかがポイントです。ルイ・ヴィトンはルイ・ヴィトンだけの話じゃないんです。LVMHグループ全体で、一七個ブランドを抱えているんです。ルイ・ヴィトンがダメということはほかも一緒です」

「いやあなたは、ルイ・ヴィトンにご飯を食べさせてもらっているのかってオレ聞いてるじゃないか」

「そういう話じゃないんですよ。いままさにテレビで、こんな計画無理だとＬＶＭＨの社長が言っていますよね。直接交渉しているんですか。いままで林さんが交渉して、なんとかクリンチしていたけど、あなた解任しちゃいましたよね」

「田口さんが、いきなり『新社長です』ってルイ・ヴィトンとの交渉なんてできませんよ」

「井阪さんがトップセールスで営業してくださいよ。そごう・西武の再成長が目的なんですよね。事業会社が困っているんですから助けてください。天下のセブン＆アイ、一〇兆円企業のトップなんですから。商品部のバイヤーもされていたんですよね」

「ボクはそんなルイ・ヴィトンみたいな高貴なお取引先の社長とは会ったこともなければ会話したこともない。あなた、営業に介入するんですか」

再び、耳を疑った。

「労働組合の委員長が営業に介入するんですか」

「そういうことを言っているわけではないですよね。この計画だと着地しないですよね。いま明言したじゃないですか。着地するならいいですよ。事業継続も雇用維持もできますから。ボクらはそれが見えないから、どうなっているんですか、協議してくださいと言っているわけです。ただ単純にそのことを言っているだけであって、あなたも社長なら、商談すること自体は自然な話ではないですか」

「いままでそんな交渉をしたこともないのにいきなり交渉しろとかね、あなた営業に口出しするって、それ労働組合の仕事じゃないでしょう」

「分かりました。いずれにしても今日がスト予告の通知期限です。ボクが言えることはそこまでです。もうこれ以上言いません」

「……寺岡さん今日は冷静さを欠いているね」

再び「？」が脳裏に浮かんだ。

「いま事務所ですか。まわりに部下がいるから、返事ができないんですね。あらためて、一人のときに電話をしてください」

「……いずれにせよ今日はもう夜遅いんで、終わりにしてください」

「分かりました」

そう言って電話は切れた。終電に間に合うように事務所を飛び出し、電車の吊り革を握った。疲れた目でスマホを見ると、井阪社長からメールが来ている。

〈**ストライキは絶対にダメだ。将来の、従業員のために、よく考えてください**〉

このしつこさ、執念深さは評判通りだった。

翌朝にも井阪社長から電話があった。八月三〇日八時七分とスマホには着信が記録されている。

「井阪です。お気持ちは変わりませんか」

「予告の期限は切れましたので、ストですね。ただ、ボクとしてはストをしたいと思っていませんので、ここで井阪さんがやっぱり九月一日のクロージングはしないということでしたら取り消します」

「取り消したらストはしないんですか」

「それは協議の内容次第です。ストをするかしないかは」

「それじゃあ意味ないね」

「ウチは井阪さんのようなトップダウンの組織ではないですから、ボクがどうこうというより組織としてストライキをするという判断にならざるを得ないので、そうさせてもらいます」

井阪社長が「分かった」と言ったかどうか、いまは記憶が定かでない。

実はそのあとにも、井阪社長からの着信の記録が残っている。午前一一時ころから、五回程度かかってきていたようだった。まるで百裂拳だな……井阪さんの下で働く人はさぞ大変だろう。

このころには、ストに向けた準備に忙殺されて電話に応答するだけの時間も暇もなかった。それに、これ以上話しても何も変わらないということがはっきりしている。再交渉を検討するならストライキをやめると何度も言っているのに、いっさい聞く耳を持たないのだ。

井阪さんが、組合という組織をいまひとつ理解していないということも気になっていた。「あなた委員長なんでしょう、あなたが決断すればストを回避できるでしょう」と言われたが、組合として決めたこと、中央執行部として決めたことは組織としての判断で、会社のようなトップダウンのやり方とは違うと何度説明しても理解してもらえなかった。

すでに「そごう・西武労組スト突入」のニュースは広く報じられ、メディアからも多数の取材、確認、問い合わせの連絡が入っていた。

メディア対応はこれまで私が一人でやっていたし、記者会見でも、取材でも私が矢面に立とうと決めていたから、この日もすべての問い合わせに私が対応している。

ただ、デモ行進の開始時間など、あまり細かいところまでは話さないように気をつけていた。何らかの方法でスト潰しを仕掛けてくることも考えられるから、メディアに情報を伝えすぎないようにとアドバイスを受けていたのだ。

住民の支持を得られる主張に

三〇日の一二時ころ、組合員に対し、三一日にストライキを決行する、池袋支部には明日は出社しないようにと伝えた。

ストライキの準備、警察、区役所に対する連絡についてはすでに終えていたが、この日、デモ行進の参加者が予想以上に多くなりそうだということが分かってきた。

「委員長、なんだかすごい人数になりそうですよ。一〇〇人とかは優に超えて二〇〇人くらいになっちゃうかもしれません」

池袋支部を担当する坂本の声が上ずっている。事務所にいたほかのメンバーも驚きの声を上げていた。

「二〇〇人とかになっちゃうと全員歩けるか分からないよな。たしか警察への申請は五〇人でやってるんだろ」

「五〇人です。二〇〇人だと、隊列も一列では無理かもしれませんね」

「えらいことになったな。他店の応援や、他労組からの応援は自粛してもらわなければいけないかもしれないな」

デモ行進の許可証を受け取りに行ったのはつい先ほどで、いまさら変更手続きは間に合わない。実際に明日、何人が来るのかも分からない。もはや出たとこ勝負だ。

デモ行進のときに手にするのぼりの発注も、ギリギリだった。普通の業者に頼んでいたらとても間に合わないので、池袋駅西口の東京芸術劇場前にあるキンコーズに発注し、大至急つくってもらっていた。前日までには間に合わず、一部はデモ当日に、集合場所の東池袋中央公園に直接持ってきてもらうことになった。

「のぼりの文字はどうしますか」

割石がイメージしていたのは「株式譲渡断固反対！」「井阪社長は退任せよ」のような攻撃的な表現だったようだ。だが私としては、直感的にそういうフレーズは避けるべきだと感じていた。ストライキを打てば、いずれにせよ地域のお客さまに迷惑をかけることになる。自分たちの主張だけを押し通すような、喧嘩腰の態度は少し違うのではないかと思っていた。できるだけ百貨店らしくスマートにやりたい。

それならどういう言葉がいいのか。顔見知りの新聞社編集委員にアドバイスをもらうことにした。労働問題の取材経験が長く、これまでに何度も他業界のストライキを見てきている人だ。

「寺岡さん、ストライキって結局賃金闘争なんだよね。かつての私鉄は毎年のようにストをやっていて、そのたびに電車やバスが止まるから当然不評なんだけど、一度だけ割と評判が良かったときがあって、それは同一労働同一賃金を要求する闘争で、自分たちを主語にせずに『パートさんの生活を守れ』『地域の足を守れ』と、地域に訴えかけるような言葉を使っていたんだよね」

それを聞いてなるほど、と思った。同時に、四月の街頭署名のときの記憶が蘇ってきた。そのときも「西武池袋本店を守れ」「地域に百貨店を残そう」という言葉を使っていて、それが好意的に受け入れられていた感触があった。割石には、その方向で考えてもらうことにした。

「喧嘩腰のフレーズはやめよう。地域に、百貨店を残すという方向で考えてくれないか」

「こんな感じでどうでしょうか」

割石から提案があったのが、「池袋の地に百貨店を残そう！」「西武池袋本店を守ろう！」「これからもお客さまと共に…」の三つだった。

「よし、それでいこう！」

メッセージの横には店舗外観の画像も入れて、ひと目でイケセイ（西武池袋本店）と分かるようにした。

それぞれのフレーズが書かれたのぼり三〇本と、三つのフレーズすべてを書いた横断幕をつくった。キンコーズの店長は、常識外れの短期間にもかかわらず「力になります！」と快く引き受けてくれた。ここにも陰ながら応援してくれる人がいる。「西武さん、頑張ってください」のひと言が嬉しかった。ストが報じられたとき、店長は「あののぼり、ウチでつくったんだよ」と仲間内で話してくれていたという。

Ａ２サイズのプラカードには「ストライキ決行中!!」「そごう・西武労働組合」「クロージング前の協議継続中!!」などと書き、デモ中の組合員に持ってもらうことにした。これも社内有志が協力してくれて、時間内ギリギリに製作が間に合った。

列の先頭は割石に歩いてもらうことにした。ハンドマイクを持って主張を連呼する、一番目立つ役である。

「何を言ってもいいけど、喧嘩腰のフレーズはやめよう。基本、こののぼりや横断幕に書いていることを話して、あとは任せたから」

当日、私はいっさいハンドマイクを持つつもりはなかった。

ストライキ決行を翌日に控えたこの日の午後、私は一人、市ヶ谷のＵＡセンセン会館に足を運んでいた。

「委員長、明日はストライキ決行ということですが……。

警視庁の公安部から指導を受けていまして、そのことをまずお伝えします。できればデモ行進はやめてもらえないですかね。危機管理としてＳＮＳの様子を見ていると明日はいろんな労働組合が団結を呼びかけていて相当数、集結する動きがあるようです。本体のそごう・西武労組と一緒になってぐちゃぐちゃになると、何が起こるか分からない。事件になってしまうかもしれないというんです。それを事前に防げるなら防ぎたいということなんですがね」

「……ご忠告、ご趣旨は理解しましたが、ここまで、できることはすべてやってきて、ここにきてデモ行進は危険だからやめるというのは、われわれの意に反します。むしろどうやって混乱しないように運営するかを考えるべきです。見分けがつくようにトラロープを張ったり、共通のTシャツ、ツールなどを準備して最善を尽くします。上部団体の仰ることなので可能な限り対応したいと思いますが、自主判断ということでやると決めたことですので……すみません」

「……そうですか。髙島屋労組の西嶋さんからも連絡は受けていて、ずっと情報共有はしているけど、悪いけどゼンセンとしては、今回のストライキにいいとか、悪いとかそういう判断はしていません。したがってあくまで単組判断ということでお願いしています。

ゼンセンの百貨店部会という名前も使えません。

仮に揉めごとになったり、メディアに露出するようなことになると、それはそれで騒ぎになります。髙島屋さんにせよ、三越伊勢丹さんにせよ、できるだけ表に出さないようにしてください。メディアにも、他労組が応援に来ていると言うのはやめてほしい」

「分かりました。事務局として、彼らには裏方にまわってもらうようにしますし、デモ行進でも極力目立たないようには配慮しますが、本人たちが、あるいは単組組織が『前面に出る』となったらそれをむげにすることはできません。ボクらはお願いして来ていただいている立場なので」

そう言ってゼンセン会館をあとにした。

当日は、伊藤先生も万一のトラブルに備えてデモ行進に同行していただけることになった。後で知ったが棗先生も急遽駆けつけ、隊列を見守ってくれていたという。

事務局メンバーはひと目で見分けがつくようにスタッフジャンパーを着ることにし、一般の組合員にはそごう・西武のステッカーを胸に貼ってもらったり、青のリボンをつけてもらうことにした。

黄色と黒のトラロープも用意して、デモ行進の際はその内側を歩くことを決めた。

「思いっきり泣け」

迎えたスト当日――。

前述のように私は池袋駅近くのビジネスホテルに泊まり、会場オープンと同時に朝食をとり、事務所に立ち寄ってから集合場所のサンシャインの会議室に向かった。

それにしても暑い。青の組合ジャンパーを着て歩こうと思っていたが、とてもじゃないが着ていられない。

手に持つわけにもいかないので腰に巻いて目印代わりにすることにした。

デモ行進が東池袋中央公園を出発するのは一一時からと予定していたが、このまま気温が上がれば、脱水症状で倒れる参加者が出るかもしれない。

自分も自動販売機でビタミン注入とばかりにオレンジジュースを買って備えた。サンシャインの会議室にはミネラルウォーターのペットボトルを一人一本は行き渡るよう大量に準備していたが、少しでも体調が悪くなった人には、すぐに離脱してもらったほうが良さそうだ。実際、体調面の心配がある方には事前に申告していただくようにした。そのほかにも大量の栄養ドリンク、塩分補給食品を用意していた。

15番会議室に集まってくれた約三〇〇人もの参加者を前に、まず書記長の後藤がタイムスケジュールを説明し、そのあと、私がマイクを握った。

「皆さん、今日の活動はですね、諦めて、投げやりでやる活動ではないというふうにボク自身は思っています。むしろ逆で、永遠に扉が開けられないということにならないように今日一日頑張るということだと思っています」

そんな簡単な挨拶に、割れるような拍手をもらった。

今日も高島屋、三越伊勢丹、大丸松坂屋、阪急阪神、そしてクレディセゾンの労組委員長が応援に駆けつけてくれている。ゼンセンからは今日のストライキは「単組判断で」と通告され、デモ行進で他労組の応援はできるだけ目立たないようにという要望もあった。

「皆さん、今日はありがとうございます。皆さんには列の最後尾で歩いていただき、できるだけ前に出ないように、テレビ画面に映らないようにしますので、それでいいですか」

その瞬間の西嶋委員長の渋い笑顔は一生忘れない。

「何言ってんですか寺岡さん。水臭い。先頭に決まってるじゃないですか。全員で先頭一緒に歩きましょうよ！」

ほかのメンバーも即座に同意してくれた。

「すみません、ありがとうございます！」

デモの隊列で割石の後ろに六人の労組委員長が並ぶと、執行部のメンバーが「アベンジャーズみたいや！」と声を上げた。この日の夜の民放テレビのニュースでも、隊列に各百貨店労組名のテロップを入れて報じたところがあったようだ。

公園には多くのメディアが集まり、カメラを手に待ち構えていた。デモ行進の前に取材に応じる予定はなかったが、「いまコメント出さないと混乱するから、どこかで一度集まってぶら下がり取材を受けたほうがいいですよ」と面識のある記者から言われ、やむなく簡単に取材を受けた。

「いまから委員長が少しだけ、ぶら下がってくれまーす!」

毎日新聞の記者が代表して声をかけ記者に囲まれた。驚いたのは、「お名前伺えますか」と聞かれたことだ。

「寺岡です」

「下のお名前もいいですか」

「泰博です」

「漢字は?」

「すみません、時間もないのでちょっと調べてもらっていいですか」

私の名前さえ知らずにこの場に来ている記者がいることには苦笑するほかなかったが、メディアというのは、そういうものなのかもしれない。

酷暑のなか、割石を先頭に約三〇〇人のデモ隊が公園を出発した。池袋警察署員がデモの周囲を固め、先頭を歩く割石の前には一〇人近いカメラマンが張り付いて後ろ向きに歩きながら撮影している。

出発地点の東池袋中央公園から首都高速五号線の下を走る国道254号線を北へ進み、川越街道の起点の六ツ又交差点を明治通りへ左折する。

「池袋の地に、百貨店を残そう！」
「西武池袋本店を守ろう！」
「日頃からご利用いただいているお客さまに、これからも、お買い物を楽しんでいただきたい」

拳を突き上げ、のぼりを振り、プラカードを誇示した。

気温はすでに三〇度を超え、アスファルトの照り返しも厳しかったが、組合員の高揚感がビリビリと伝わってきた。私たち「アベンジャーズ」の六人にもカメラが向けられたが、各労組の委員長たちは誰一人臆することなく、堂々と歩きつづけてくれた。

東池袋中央公園からスタートしたデモ行進の隊列（朝日新聞社提供）

明治通りを池袋駅方面に進み、駅前の東口五差路交差点まで来ると、後方にストライキで休館中のイケセイが見えてくる。このもっとも写真映《ば》えするスポットで、多数のカメラマンが待ち構えていた。マイクを持ったアナウンサーもいる。この場所からデモの様子を中継するということだろう。

サンシャイン60通りを東へ進んで、出発地の公園に戻るまでのあいだ、「頑張れよ！」という応援の声、拍手、写真を撮り、手を振ってくれる大勢の方を目にした。

ひょっとすると石を投げられるかもしれない、罵声を浴びせられるかもしれない――そう思っていたが、ヤジの声ひとつなく、街の人たちはわれわれに好意的に感じられた。

「割石さん、これ」

ハンドマイクでアピールしながら先頭を歩く割石に、信号待ちの際、髙島屋労組の役員からそっとペットボトルが手渡される。西嶋委員長の気遣いだった。

その横では、三越伊勢丹の菊池委員長がライブでSNS発信している。

国道254号線に戻り、公園を目の前にして、割石のいつものポーカーフェイスが崩れていた。汗か、涙か、頰に光るものがある。

「オレ、ちょっと泣きそうになりました」

「いいよ泣いて、思いっきり泣け。誰も何も言わないよ」

百貨店業界としては六一年ぶりとなるストライキ、デモ行進は、思いがけないほど多くの方のご支持をいただくことができた。ヤジや厳しい批判も予想していたが、むしろありがたいご声援に力をいただいた。

「皆さん、今日は暑いなか本当にありがとうございました。ビラ配りはわれわれで大丈夫ですので」

五労組委員長、役員にお礼を言って、引き上げていただいた。もう一度簡単にメディアの取材を受け、今日の感想などを話したあと、いったん事務所に戻った。

ちょうどそのころ、そごう・西武の本社を訪れていた井阪社長が四谷の本社に戻るため、書籍館南通用口に横づけしていた社長車のアルファードに乗り込むところだった。この日の午前中、四谷のセブン＆アイ本社で株式譲渡を決議し、それをそごう・西武に伝えに来ていたのだ。

事務所に戻ってから、手元のスマホを見るとデモ行進中に井阪社長から着信した履歴が残っている。いくらなんでも、そのタイミングでは電話に出られないよな……。

デモ終了後、報道陣の囲み取材に応じる（時事通信社提供）

「お疲れさまでした！」

事務所に待機していた書記局のメンバーが笑顔で迎えてくれる。どことなくいつもと雰囲気が違うようだ。

「ビラ配りがニコ動で中継されているんですよ、坂本さんは『ハンカチおじ』とか書かれて（笑）」

副委員長の坂本は池袋本店北側のルイ・ヴィトン前に立ち、訪れるお客さまにストライキ決行中であることをお伝えしながらビラ配りをしている。ハンカチで汗を拭いながら声を張り上げる様子が動画配信サイトで流れているという。

ビラ配り中のほかのメンバーにも様々なコメントが寄せられているようだ。

「オレもちょっとビラ配りに行ってくるかな。ネットがザワザワするかな」

弁当をかき込みながら冗談を言っているところに、再び井阪社長から着信があった。

「株式譲渡を取締役会で決議しましたので、そのご報告です」

「承知しました。わざわざありがとうございます」

そごう・西武の株式譲渡ルールは二五日に改定され、株主総会、取締役会を開く必要はない。

井阪社長は、「予定通り」株式譲渡を強行したのだ。

アベマプライム緊急出演

外はまだ相当な暑さのようだ。

スト中であることを知らずにお店にいらっしゃるお客さまに対応する意味でも、三時半まではビラ配りを続ける予定だったが、この暑さではかなり消耗《しょうもう》するだろう。

弁当を平らげたあと、私も坂本たちに合流して井阪社長からの電話の内容を伝え、今日の活動はいったん区切りにしようと思った。

その間も、次々に携帯電話が鳴り、メディアからの問い合わせが途切れない。なんとか切り上げて足早にルイ・ヴィトン前へと向かった。

「坂本、お疲れさま。メチャクチャ暑いな。今日はもう締めようと思うから、これで区切りにしよう」

「分かりました」

そのとき気づいた。

髙島屋の西嶋委員長、三越伊勢丹の菊池委員長ら、引き上げたと思っていた他労組の幹部の皆さんがまだ残って、ビラ配りをしてくださっている。

「皆さん、自主的に残ってくれています」

まさか、と思った。猛暑のなか、一時間近く歩いて、くたくたのはずだ。坂本も感激の面持ちだった。他労組の活動をここまで支援してくださるなんて、なかなかできることではない。なんて熱い人たちなんだ――。お礼の言葉が出ないほど感動した。

その場で坂本からハンドマイクを譲り受け、井阪社長から連絡があり、株式譲渡が決まったこと、明日から気持ちを切り替えて活動していくことを報道陣に報告した。

続けて最後の囲み取材に応じる。

私を取り囲む形で多数の記者、カメラマンが場所とりにもみ合い、顔見知りの女性記者が蹴りを入れられながら踏ん張っているのが見えた。

坂本らビラ配り部隊は終了後、事務局としていたアットビジネスセンター会議室に移動した。ここで参加者とともに坂本らの労をねぎらったのだが、驚くべきことに西嶋さん、菊池さんらはこの場にもお付き合いいただいて、ゴミの分別などをしてくださった。

もう引き上げていただくよう何度もお伝えしているのに、ご自身の判断で、最後の最後まで残っていただいた。

労働界では協調して行動することが一般的とはいえ、なかなかできることではない。その気配り、目配りは、日頃の組合活動でも徹底されているのだろう。

感謝の気持ちを通り越し、西嶋さんや菊池さんが神のように見えた。

「ここまで尽力いただいたのに結果を変えられなくて申し訳なかったですが、今日の出来事は一生忘れません。本当にありがとうございました。泣きそうですよ、本当に」

応援の皆さんにようやく引き上げていただき、執行部メンバーで労働組合の事務所に戻り終礼をしていた夕方六時ころ、テレビ朝日の女性記者から携帯電話にショートメールが入った。

「寺岡さん、今日はお疲れさまでした。本当に急な話で申し訳ないんですが、アベマTVの『アベマプライム』という番組のプロデューサーが、今日のストライキを番組で取り上げたいと言っているんです。できたら、当事者の寺岡委員長にもご出演いただきたいと言っているんですが、いかがでしょう。今日はお疲れでしょうから全然断っていただいて結構なんですが……」

記者は、無理しなくていいですよと、だいぶ恐縮しているようだった。

「今日一日やっと終わったと思ったらこんな連絡が入っちゃったよ。どんなもんかね」

たぶん、出るほうがいいのだろうが、どんな番組になるのか分からないし、とにかくいまは疲れきっていて気力もない。「はい、出ます」とは即答できなかった。

「寺岡さん、そんなのやるしかないでしょう」

会見で五人の友好労組委員長の登場をサプライズ発表するアイデアを出した森島の意見は明快だった。

「やれることはすべてやるって言ってきて、断る理由ないじゃないですか」

その通りだった。いままで、やれることはすべてやろうと執行部のメンバーに言いつづけていたのだ。疲れたからとか、今日は大変だったからというのは断る理由にはならない。

「引き受けます」そう伝えて差し入れの栄養ドリンクを一気に飲んだ。

息つく間もなく番組プロデューサーからの電話。

「ご出演を承諾いただいてありがとうございます。いまどちらですか？　池袋？　了解しました。そこにタクシーを手配しますのでそのままお待ちください。簡単な流れはこのあとメールしますので……」

これがテレビ業界の常識ということなのか。いまのうちに食べておかないと。余っていた昼食用の弁当を夕食代わりにかき込んだ。

七時四五分過ぎ、書籍館南通用口に迎えの車が到着し、そのまま六本木のテレビ朝日へ向かった。プロデューサーから届いたメールに目を通す暇もなかったので、プリントアウトしてそのまま車に乗り込んだ。

「アベマプライム」は毎週月曜から金曜まで、日替わりの司会者が仕切るニュース番組で、木曜はお笑いコンビEXITのりんたろー。さんと兼近大樹さんがMCだった。娘はEXITの「THE突破ファイル」という番組が好きでよく見ていたから、お二人の番組に出ると言ったら喜んだはずだが、そんなことを考えている余裕もなかった。

プロデューサーからは「なんとなくの流れはありますがほとんどアドリブで結構ですから」と言われて、台本を深く読む時間もなく、ほんの数時間前までは思ってもみなかったテレビ番組に出演することになったのだ。

コメンテーターには私のほか、労働問題に詳しい弁護士の佐々木亮氏、歌手・モデルの當間ローズさん、実業家の石田拳智さん、女優の武藤十夢さんらが出演していて、それぞれ私に感想や、質問を投げかけてくれた。

番組で私はこうコメントしている。

「（西武池袋本店を）普段ご利用いただいているお客さまは、一五万人くらい、多い日であれば二〇万人くらいいます。お客さまにもご迷惑がかかるし、テナントとして入っているお取引先さまにもご迷惑がかかるということで、本当にストライキが良い手段なのか、そういった声も当然ありましたし、一方で経営側にこれだけ訴えても（誠実な対応が）出てこないということからすれば、やむを得ないんじゃないかという声もありました。

私としてはやるにあたって相当悩みました。でも今日、デモもそうですし、ビラもそうなんですが、街を歩いて、多くのお客さま、地域の方が私を呼び止めて、『頑張ってね』と。『西武さん、これからもお店開けてね』『ブランドショップなくさないで』という声を多数いただいて、結果的に皆さんに支えられているということを実感した日でした。今日は（ストを）やって、（株式譲渡という）結果は変わりませんでしたけど、私的にはやって良かったなと思っています」

番組の最後に、佐々木弁護士が力強い応援の言葉をくれた。

「今日のストライキは非常に大きなことだったと思います。これから新しい使用者と交渉することになると思いますが、労働者は非常に重要な利害関係人なんですよね。それをあんまり無視してことを進めるとどんどんトラブルが深まってしまいますので、今回もはじめから話し合い、情報を共用しておけばストライキするということまではなかったんだろうなといま話を聞いていて思いました。

これから新しい使用者と話をしていくにあたって、今日のストライキをやったということは、非常に大きな武器になると思いますので、ぜひ頑張っていただきたいと私は思っています」

テレビ朝日の女性記者も収録に立ち会ってくれていた。

「今日一日、お疲れのところご出演いただいて本当に申し訳ありません」

「いえいえ。今日の出来事を何か記録として残せるものがあれば、それから少しでも正しい事実を伝えられるんだったら、それはやるべきだと思うから、気にしなくていいですよ」

ふと見ると記者がうっすら涙ぐんでいる。

「ごめんなさい。私、この件で井阪さんも追いかけていて、何度も家に行ったんですけど、いつもノーコメントだし、寺岡さんは必ず受け答えしてくださって、その対応がすごく対照的で。ほかの記者さんとも、同じような感想は話していたんです。夜でも朝でも、電話でも、寺岡さんにはちゃんと対応していただいて、今日も深夜まで、本当に申し訳ありません。絶対に断られると思ったんですけど。さっきもプロデューサーが直接連絡差し上げるというのを、それはあまりに申し訳ないから私が自分で言ってみます、とやり取りしてたんです。受けていただいて本当にありがとうございました」

聞けばこの記者さんはある有名ブランドの販売職をしていたそうで、百貨店の店頭にも立ったことがあるという。その後転職して、テレビ局の記者になっていた。

「百貨店の職場の素晴らしさも分かっているので、余計に感情移入しちゃって」

「……ありがとうございます。お気持ちはいただきました」

番組の収録が終わったのは夜一〇時過ぎだった。

死力を尽くして

テレビ朝日が用意してくれたタクシーに乗り、埼玉の自宅に向かった。

やっと終わった。

今日は本当に、長い一日になった。

多くの人から応援の言葉をもらって、感激したり、励まされたりした。いつか今日のことを記録として残しておく必要がある、残さなければだめだ……そんなことを考えていると、胸の携帯電話が振動した。

「委員長、変な話だけど今日はお疲れさまだったね」

池袋本店の店長からだった。

「私は経営側だからあなたに言うのはおかしいんだけど、お店を守るということでいけば同じ思いだから、本来はあり得ない話だけど別の用件もあったので思わず直接連絡しちゃいました。

実はオレ、今日こっそり見に行っていたんだよ。デモ行進を温かく見守っているお客さん、地元の人の姿をたくさん見たよ。ウチの店の人間が誇らしげに歩いているのも見た。いい光景だな、と思って、オレ泣いちゃったんだよ」

……言葉が出なかった。

「それから用件というのはね、実は今日、高際区長に呼ばれて話す機会があって。区長もどんな様子か見に行きたいと思っていたらしいんだけど、ちょうど会議が入ってしまって行けなかったと。でも、区の職員から『非常に立派な、気持ちのいいデモだった』と報告を受けて、『あなたたちの社員は本当に誇らしい人たちね』と仰っていたよ」

私には、もうそれで十分だった。

携帯電話の充電がだいぶ怪しくなってきていたが、メールも次々に入っていた。

歴代組合委員長、西武百貨店、そしてそごう・西武の歴代社長や幹部から続々とメッセージが届く。

「死力を尽くして闘ってくれて、ありがとう」

「西武百貨店のＤＮＡを感じました」

「立派だった」

ちょうど一年前の二〇二二年七月二五日、西武とそごうの合併を主導した和田繁明さんが亡くなった。そのお別れ会の場で、労働組合の活動の話も出たという

「和田さんのＤＮＡを引き継いだ委員長がいま、奮闘してくれています」

ある元取締役からはそういう言葉で労をねぎらっていただいた。組合と経営者では立場が違うが、百貨店を愛する気持ちは共通している。

労組の委員長に連絡をすべきかためらっていた人も、どうしてもひと言言いたいと思われたに違いない。

タクシーの窓から真っ暗に沈んだ街を眺めながら、なぜか青く晴れた日差しを浴びるような清々しい気持ちになっていた。

かつての社長や取締役が立場を超え、私のような若造に本音で語り、百貨店愛を伝えてくれている。

家族の待つ家に着いたとき、すでに深夜一一時に近くなっていた。娘は新学期の初登校でだいぶ疲れているようで、今日は早めに寝かしつけていると妻からＬＩＮＥで連絡が入っていた。

家は静まり返り、「お帰り！」の元気な声も、二匹の猫の出迎えもない。

リビングの明かりをつけると、ダイニングテーブルにはおにぎりと蜂蜜のかかったグレープフルーツがあり、「小腹が空いたらどうぞ」とメッセージが添えられていた。それをかじった瞬間、ふーっと全身の力が抜けた。

ただいま。いま帰りました。

長い、長い一日だったよ。

エピローグ

かなりの批判を浴びるかもしれない――そう覚悟して決断したストライキの反響は、意外なものになりました。

週が明けた九月四日月曜、定例会見に臨んだ日本経済団体連合会の十《と》倉《くら》雅和《まさかず》会長（住友化学会長）は、会見の最後にそごう・西武労働組合のスト決行について問われ、こう感想を述べています。

「そごう・西武労働組合の委員長が『地元住民ないしはお客さまに迷惑をかけるのは本当につらい』と、ぎりぎりまでそれを仰っていたのは非常に印象に残っています。重要なステークホルダー（利害関係者）に『客』と『地域社会』がある、組合当事者の方々がそういう思いを持っていることに非常に感銘を受けました」

日本最大の経済団体トップの発言は、驚きを通り越して、痺れるほどの衝撃でした。経団連にはセブン&アイ・ホールディングスも加盟しており、井阪隆一社長はデジタルエコノミー推進委員会委員長、二〇二二年までは審議員会副議長という要職を占めていましたからなおさらです。

この会長会見の映像は、その後も繰り返しテレビニュースで放送されています。

スト二日後の九月二日、日本経済新聞も以下のような社説を掲載しています。

そごう・西武ストが投じたM&Aの課題

セブンがそごう・西武を買収したのは06年。（中略）フォートレスと事業パートナーであるヨドバシホールディングスに任せた方が百貨店にとっても最善策と判断した。今後の戦略を考えると売却は間違っていない。

しかしその後の反発は全く想定できていなかった。地元の豊島区長や池袋本店の不動産の一部を保有する西武ホールディングスが街の多様性が失われることに懸念を示した。百貨店事業は街の顔でもあり、住民にとっての価値は大きい。事前の説明などが足りず、批判を高めてしまった。

社員への配慮も不足していた。確かにそごう・西武は財務基盤が脆弱で、セブンの信用力がこれまでの事業継続を可能にした。しかし百貨店市場が縮小し、旗艦店の池袋本店が縮むことへ社員は危機感を高め、スト決行の事態を招いた。組合側も売却そのものに反対しているわけではない。早期に社員に丁寧な説明をしていれば、状況は違っていたかもしれない。

今後も小売業に限らずM&Aは増えるだろう。日本企業が活力を高めるうえでM&Aは重要な経営の選択肢であり、経済全体の活性化にもつながる。事業再編を円滑に進めるためには、人的資産やステークホルダーへの配慮が企業価値の向上に欠かせないことを改めて肝に銘じる必要がある。


「社員への配慮」と「丁寧な説明」の不足がストを招いたという指摘は、われわれ労働組合の主張をそのまま追認しています。

経営者側の視点で記事を書くことが多い日経新聞が、セブン&アイにこれだけ厳しい見方を示すのは異例のことでしょう。

二〇二二年末の記事ではわれわれにとってかなり淡泊な論調で「せっかく取材を受けたのに」と落胆したのですが、八ヵ月の間に、日経新聞の受け止め方もかなり変わったようです。

ストライキ、デモ行進から一夜が明けた二〇二三年九月一日午後、新しい経営陣との最初の協議に臨みました。

前日まで一三名いた取締役は、この日、五名になっていました。山口副社長ら六人のそごう・西武出身取締役が退任し、セブン&アイによって選任された六人も井上了徳氏を除いて全員退任。田口広人社長は残留しましたが、代表権のない「取締役社長」に降格となりました。

新たにフォートレスの劉勁氏が代表取締役に、山下明男在日代表ほか一人が取締役に就きました（その後一一月にさらに二人の取締役を選任）。

井上氏は「残務整理」のための一時的な残留である可能性が高く、この顔ぶれを見ても、会社が完全にフォートレスのものになったことが分かります。旧そごう・西武からただ一人取締役に残留した田口社長は、「社長」という肩書は残っていても、代表権がないのでフォートレスの意向次第ということになるでしょう。

「これでノーサイドにしましょう」

「社員感情はそんなに簡単に消えません。今後の議論も労使対等の精神で、是々非々で行いたいと思います」

オーナーが代わった最初の労使協議は山下代表と私のそんなやり取りから始まりました。いずれにせよ、本格的な労使協議はこれからになります。

「情報開示」「雇用維持」「事業継続」の三点を求めてきたわれわれの基本方針はオーナーが代わっても変わることはありませんが、井阪氏、林氏のような小売業界出身者とファンドマネージャーでは手法も発想もおのずと異なります。

フォートレスはアコーディア・ゴルフ（ゴルフ場運営）やマイステイズ・ホテル・マネジメント（ホテル運営）といった会社を経営しているとはいえ、ファンドの目的はあくまで企業価値を引き上げて上場なり転売といった「出口」を探ることですから、われわれもそのことを念頭に置いて協議にあたるほかありません。企業価値を高めることはわれわれにとっても共通の目標ですが、その先の会社のあり方については労使で捉え方が異なる局面もあるでしょう。

さらに難しいのは、西武池袋本店の大家がヨドバシホールディングスになったことです。つまり、今後のそごう・西武の経営方針・戦略は、フォートレスだけでなくヨドバシカメラの意向にも影響を受けることになります。

ヨドバシカメラ創業者の藤沢昭和社長は日経新聞（二〇二四年四月一八日付）の取材に応じ、「競合がしのぎを削る場所（池袋）にどうしても店を出したいと考え、何度も物件取得を考えたが、今回こそ理想の物件と考え、決断した。あの場所にはそれだけの価値があると考え、腹を決めた」と話しています。

藤沢社長によると、今回の物件取得の話はフォートレス側から持ち込まれ、数日で応諾を決断したということです。

ヨドバシにとっては、願ったりかなったりの話だったのでしょう。ビックカメラ、ヤマダデンキというライバルが本店など複数の店舗を構える池袋の中でも最強の立地に、念願の店舗を構えることになります。

西武池袋本店の改装は、二〇二四年三月ころから本格的にスタートしています。最終的に決定されたフロアプランによると、もっとも集客力のある北側がすべてヨドバシカメラになります。

本店全体では地下二階を除き八階までのフロアの約半分がヨドバシカメラとなります。店舗の移転と改装工事は二〇二四年夏から本格化し、区画の明け渡しが行われます。そのとき、ルイ・ヴィトンをはじめとするラグジュアリーブランドが百貨店区画に移転して残るかどうか、ギリギリの交渉を続けています。いずれにせよ百貨店としてフルスペックでの品揃えができるスペースはもはや残されていません。今後は化粧品、デパ地下と呼ばれる食品売り場、ラグジュアリーブランドなどの強みに絞った店舗として生き残りを懸けることになります。

労働組合としては、約半分の売り場面積がなくなるのに伴い、どのくらいの余剰人員が出るのか、経続的に経営側に確認していくことになります。

ストライキ前の団体交渉では、現在の池袋本店所属の社員のうちおおよそ半分程度の要員ギャップが出る見込みと説明されてきましたが、他店舗への異動や定年退職などの自然減、新規採用の抑制などによって吸収できるとのことでした。それがどの程度実効性があるのか、見きわめていく必要があります。

「雇用の維持」は約束すると言っていますから、もし吸収できない場合、セブン&アイやフォートレスの傘下企業に出向や転籍ということも考えられます。すでに二〇二四年に入って約二〇名がセブン&アイ・ホールディングスに移り新しい仕事に就いています。

二〇二四年に入って、髙島屋、伊勢丹、三越、松屋など都内の繁華街にある百貨店各店は円安によるインバウンド需要と、国内富裕層のリベンジ消費で、増収増益どころかかつてないほどの好決算になっています。

二〇二二年から始まったそごう・西武の売却交渉はウイルスの感染蔓延によるダメージによって百貨店の企業価値がどん底まで落ちていた時期でした。あのタイミングで会社を売るのが本当に正しい判断だったのか、いまも自問していますが、答えを見出せていません。

本書の登場人物のその後についても触れておきたいと思います。

林拓二氏は二〇二三年八月一日付でそごう・西武社長を解任され、セブン&アイ関連の役職から身を引いたあと、一般社団法人ジャパンクリエイティブ（JC）の代表理事として活動されています。

山口公義氏は二〇二三年九月一日付でそごう・西武の副社長を退任されたあと、セブン&アイ執行役員に戻ったものの、その役職からも引かせてほしいと願い出て、そごう・西武売却から六ヵ月後の二〇二四年二月末に執行役員を退任し、セブン&アイとの関係を断っています。

ストライキなど要所要所でアドバイスをいただいた平塚大輔さんは明星大学の特任教授として教鞭をとるかたわら、昭和飛行機都市開発という会社の取締役最高人事責任者（CHRO）に就任し、経営の一翼を担っています。今回のストライキについて、

「もはや俺の経験値を超えた」

と言ってくださいました。

株主代表訴訟は現在も会社売却手続きの正当性をめぐって激しい応酬が繰り広げられています。

河合弁護士が主に主張しているのは取締役の任務懈怠《けたい》（法令違反・善管注意義務違反）です。今回の株式譲渡契約にあたり、各ステークホルダーへの説明を十分に行わず、およそ公序良俗に違反するとしています。

西武池袋本店の地権者だった西武ホールディングスとの交渉では、当初、西武HDには事前承諾料として一〇億円を支払うことを予定していたものの、結果的に承諾料は一〇八億円にまで増額しました。さらにフォートレス側からの要求でそごう・西武の会社価値を三〇〇億円も減額するなど、小林強執行役員らの拙《つたな》い売却交渉によってセブン&アイ・ホールディングスは八七四億円以上もの追加の金銭負担を強いられたというのが河合弁護士の主張です。

このような杜撰《ずさん》な売却契約を承認したことで会社に損害を与えた井阪社長らセブン&アイ取締役陣は、会社に損害賠償する責任がある、としています。

私自身は第一九期の任期を特例で半年間延長したあと、二〇二四年四月に第二〇期中央執行委員長に再任され、委員長として六期目に入ることになりました。

ストライキ、デモにまで打って出たにもかかわらず、会社売却を止められなかった責任は痛感していますし、坂本、割石ら頼もしい後任候補もいますから、委員長職から退く日もそれほど遠くないと思っています。

そのあとは現場に戻るのか、まったく違う道を行くのか――。まだ先が見えていませんが、いまはただ、与えられた任期を全力で勤め上げ、少しでも組合員の皆さんに感謝を伝え、奉仕をしたいと思っています。それが私に残された最後の仕事だと考えているからです。

「会社は誰のものか」という言葉がありますが、われわれ現場で働く従業員も会社を構成する重要な利害関係者であることは言うまでもありません。どんなに優秀な経営者も、現場で働く従業員を無視して会社を率いていくことはできないはずです。

本書につづった私の経験が、労使関係のあり方について一石を投じ、少しでも今後に続く方々の参考となればと強く念願しています。

あとがき

「株式譲渡にまつわる活動をぜひ書籍化させてくれませんか」

労働組合中央事務所に入った一本の電話――講談社の淺川継人さんからでした。会社のオーナーが代わってしばらくはほぼ事務所を不在にしていたのですが、運命の定めというか、たまたまそのときは在席していたのです。

ストのあと、正しい記録・記憶を残すべきだとぼんやり考えていましたが、せいぜい組合機関紙の特集号レベルが精いっぱいと思っていました。

いくつかのメディアが書籍化するかもしれないという話が聞こえてきていたタイミングでもあり、これまでの交渉ではさんざん報道先行で悩まされてきたということもあって、いっそのことここまでの交渉の足跡を自らの手で残しておくべきだとも考えていました。

激動の一年半の間には多くの関係者の訃報にも接しました。

セブン＆アイ・ホールディングス伊藤雅俊名誉会長、ミレニアムリテイリング（現そごう・西武）の和田繁明元会長、豊島区の高野之夫前区長、奥川法律事務所の奥川貴弥先生、そごう・西武ＯＢ会の安部雅博前会長、義父の大橋宏二さん。心よりご冥福をお祈りいたします。私にとっては、いまを精一杯行動するきっかけともなりました。

デモ行進で使用したプラカードやのぼりは、法政大学大原社会問題研究所と大阪産業労働資料館（エル・ライブラリー）に寄贈させていただくことにしました。今後の研究に活かしていただくと同時に、より多くの方々に実物に触れてもらうことで、ストライキを風化させないよう願っています。

今回、多くの方々に支えられていることも実感しました。

組合員、お客さま、お取引先さま、地域行政の方々、ＯＢ、ＯＧ、諸先輩の皆さま、百貨店各労組や旧セゾングループをはじめとした友好労組の皆さま、セブン＆アイ労連、上部団体、献身的な弁護をしていただいているさくら共同法律事務所、旬報法律事務所、組合顧問の奥川法律事務所、取材対応にあたったすべてのメディアの皆さま、高校、大学の学生時代をともに過ごした仲間に感謝を申し上げます。

最後に、ともに全力疾走してくれた中央執行部メンバー・書記局、支部役員、そして何も言わず温かく見守ってくれた両親、家族に最大限の感謝です。

本当にありがとうございました。

寺岡泰博（てらおか・やすひろ）

１９９３年４月西武百貨店（現そごう・西武）入社、西武高槻店（現高槻阪急スクエア）スポーツ課に配属。

２００５年ミレニアムリテイリンググループ労働組合（現そごう・西武労働組合）中央執行委員として組合専従者に。そごうと西武百貨店の人事制度統一、セブン＆アイ・ホールディングスとの経営統合などを経験する。

２００８年西武池袋本店にて復職。婦人服飾部、婦人特選部でゾーン店長、商品部バイヤーなどを歴任。

２０１６年より中央執行副委員長として労働組合執行部に復帰、２０１８年10月から中央執行委員長（現任）。５店舗営業終了やそごう・西武株式譲渡による経営体制変更に伴い数多くの労使協議を重ねた。

UAゼンセン流通部門執行委員、セブン＆アイグループ労連副会長（２０２３年10月株式譲渡により退会）も務めた。

決断《けつだん》
そごう・西武《せいぶ》61年目《ねんめ》のストライキ

二〇二四年七月九日　第一刷発行

著者　寺岡泰博《てらおかやすひろ》
©Yasuhiro Teraoka 2024, Printed in Japan
発行者　森田浩章
発行所　株式会社 講談社
東京都文京区音羽二丁目一二―二一　郵便番号一一二―八〇〇一
電話　編集　〇三―五三九五―三五二二
販売　〇三―五三九五―四四一五
業務　〇三―五三九五―三六一五
印刷所　株式会社新藤慶昌堂
製本所　株式会社国宝社

定価はカバーに表示してあります。
落丁本・乱丁本は購入書店名を明記のうえ、小社業務あてにお送りください。送料小社負担にてお取り替えいたします。なお、この本についてのお問い合わせは、第一事業本部企画部あてにお願いいたします。
本書のコピー、スキャン、デジタル化等の無断複製は著作権法上での例外を除き禁じられています。本書を代行業者等の第三者に依頼してスキャンやデジタル化することは、たとえ個人や家庭内の利用でも著作権法違反です。複写を希望される場合は、事前に日本複製権センター（電話〇三―六八〇九―一二八一）にご連絡ください。Ⓡ〈日本複製権センター委託出版物〉
ISBN978-4-06-536407-9

KODANSHA